RENDEZ-VOUS
EN TERRE INCONNUE

Connectez-vous sur : www.lamartinieregroupe.com

Textes écrits avec la collaboration de Nathalie Maigret et Emmanuelle Jary.
Conception et réalisation graphique : Olivier Fontvieille, Anne Ponscarme - offparis.fr
Avec la collaboration de Mathilde Delattre pour l'exécution
ISBN : 978-2-7324-4541-0

RENDEZ-VOUS EN TERRE INCONNUE

FRÉDÉRIC LOPEZ
Photographies de Jean-Michel Turpin
Xavier Rossi et Arnaud Brunet

Éditions
de La Martinière

SOMMAIRE
RENDEZ-VOUS EN TERRE INCONNUE

À mon fils Victor, un chic type…

Préface

« Merci ».
Voilà ce que l'on me dit tous les jours dans la rue. Alors que « Bravo » m'aurait déjà comblé. Très heureux de toucher le cœur des hommes, mais troublé... Pourquoi merci ?
Il m'a fallu plusieurs années de dialogue avec les téléspectateurs pour comprendre que ces films réveillent en chacun de nous un sentiment très fort d'appartenance au genre humain.

Ma reconnaissance va vers vous, les millions de personnes qui se passionnent pour nos expéditions et qui nous donnent la très belle sensation d'être compris dans notre démarche.

« Rendez-vous en terre inconnue » est un programme dont j'ai rêvé longtemps. J'avais imaginé un documentaire sans angélisme ni misérabilisme, qui irait à la rencontre de nos contemporains vivant à l'écart de notre monde. Dans l'espoir de toucher du doigt leur quotidien, leurs angoisses et surtout leurs bonheurs. Un rêve de partage avec bienveillance, légèreté et profondeur.

Lors de chaque rencontre, nous ne condamnons pas, nous n'encensons pas, nous ne plaignons pas : nous mettons simplement dans la lumière des femmes et des hommes qui se sont adaptés à leur environnement et qui tentent aujourd'hui de s'adapter au monde qui les entoure. Quel est l'avenir de ces minorités qui vivent en dehors de l'économie de marché ? Comment résistent-elles à la modernité qui arrive à leur porte ? Leur avenir est-il entre leurs mains ? Nous tentons de répondre à ces questions complexes.

Le rire, les regards, la complicité permettent des échanges parfois plus éloquents que les mots. Merci donc à nos hôtes du monde entier, Katjambia, Teoreun, Kirill, Batbayar, Sissay, Ama Himbé, Dolma, Pa Tahang et leurs proches, pour leur chaleur et leur générosité.

L'échange et le partage qui sont à la base même de ces voyages ne sont pas que d'ordre émotionnel. Il y a beaucoup à apprendre de la sagesse des Korowaï, qui ne coupent jamais un arbre sans en planter un autre, ou de l'égalitarisme des Mentawaï qui partagent leur lieu de vie comme leur nourriture sans jamais léser personne. Que penser de ces hommes-fleurs qui assument pleinement leur sensibilité et bercent leurs enfants, quand dans nos sociétés de telles pratiques sont relativement récentes ?

Merci aux artistes qui m'honorent de leur confiance. La présence dans nos films d'une personne « étrangère » permet de faire ressortir des traits culturels, des conditions géographiques et climatiques extrêmes. Les Himbas ne peuvent se plaindre du chaud, ni les Nénètses du froid. C'est leur vie. On ne peut pointer du doigt que ce qui nous est étranger, inhabituel. La rencontre de modes de vie différents, de systèmes de pensée étrangers les uns aux autres permet bien évidemment des échanges émotionnels mais aussi la mise en perspective de l'altérité.

Ma gratitude va également à tous ceux sans qui cette aventure n'aurait jamais vu le jour. La liste est longue mais je vous invite à lire la page des « remerciements » à la fin de cet ouvrage. Histoire de mettre un nom sur ces hommes et ces femmes qui mettent leur talent et leur enthousiasme au service de ce programme humaniste.
Je suis par principe optimiste et j'aime à penser – espérer – que ces cultures ne s'éteindront pas sous les coups de l'acculturation, de l'intolérance ou de la convoitise de terres riches en gaz, en bois et autres ressources naturelles.
Plus que le dernier témoignage de cultures en péril, je rêve que « Rendez-vous en terre inconnue » soit un outil de connaissance, de partage et de plaisir.

Pour vous qui avez aimé nos – vos – rendez-vous en terre inconnue, ce livre prolonge en images et en mots ce que furent ces aventures hors du commun.
Comme un nouvel hommage à la richesse et à la diversité des cultures qui font le genre humain.

Frédéric Lopez

LES HIMBAS DE NAMIBIE

RENDEZ-VOUS EN TERRE INCONNUE AVEC MURIEL ROBIN

PHOTOGRAPHIES DE JEAN-MICHEL TURPIN

« Aujourd'hui, grâce à ce voyage en terre inconnue – qui ne l'est plus tout à fait pour moi –, je retiens qu'il faut oser aller à la rencontre des autres, tellement différents et si semblables. »

D'un point de vue émotionnel, j'ai vécu un des moments les plus intenses de mon existence chez les Himbas. C'étaient de vrais moments de partage. Bien qu'ayant vécu ensemble cette expérience forte, chacun est ensuite reparti de son côté… Il me reste cependant un lien, celui du cœur et de la pensée. Je devrais avoir l'honnêteté de dire que je porte ces gens en moi sans pour autant leur tendre la main au quotidien, ce que j'assume complètement, car il y a à présent d'autres mains à tendre, d'autres moments à partager. Je retiens de cette rencontre le principe de l'échange et du partage en général, bien que je doive avouer que je me sens parfois plus proche des Himbas comme Katjambia que de certaines personnes que je croise dans la rue ou qui font le même métier que moi. Ceux-là me paraissent souvent plus sauvages et moins affectueux…

Le lien avec les Himbas s'est fait très naturellement car nous avions des points communs : le rire, l'enthousiasme et le cœur. Nous étions avant tout des êtres humains qui se cherchaient du regard. Par exemple, quand nous sommes allés voir la mer ensemble, il y avait entre nous une complicité, qui s'est propagée loin, puisque les téléspectateurs l'ont ressentie et même partagée. C'est un phénomène incroyable. Les gens ont été touchés par les Himbas autant que nous qui étions sur place. J'ai voyagé pour eux, mais les émotions sont arrivées jusque dans les foyers.

Les gens m'arrêtent dans la rue pour me dire qu'ils ont ri et pleuré avec nous. C'est évidemment Katjambia avec son charisme fascinant qui les a le plus marqués. Mais aussi ma présence parmi ces gens car j'ai réussi à oublier la caméra. Lorsque je me suis enduite d'ocre, j'ai pensé : « Qu'importe ce qu'on verra en France, profite de cet instant, il ne se présentera pas une seconde fois ! » Quand on vit de telles expériences, chaque instant vaut de l'or. Je pense que les spectateurs sont contents que j'aie fait ce voyage pour eux, que je sois allée pour eux me mettre de l'ocre sur le corps avec mes copines himbas.

Muriel Robin

LES HIMBAS

Les Himbas vivent dans le Kaokoland – traduisez « la terre lointaine » –, une région semi-désertique au nord de la Namibie.

Le désert des paradoxes, grillé par le soleil de midi et glacé par la nuit, est aussi le désert de la vie. Bien qu'il soit très aride, les espèces y ont proliféré, comme le scarabée, un pêcheur de brume qui au matin gravit la dune.
Il y fait le poirier, tête baissée, afin d'exposer son dos au vent pour que s'y condense l'eau précieuse qu'il fera ruisseler jusqu'à sa bouche. Plus que la pluie, les brouillards irriguent et tamisent de leur voile ces dunes ocre, les plus hautes du monde. Comme si l'eau tellement rare devait se condenser pour rafraîchir ce pays minéral en une pluie d'infimes gouttelettes caressantes.
Au milieu du Namib, le plus vieux désert du monde, les Himbas, aujourd'hui au nombre de sept mille, ont élu domicile il y a plusieurs siècles. Cette terre difficile est devenue leur pays, le Kaokoland.
Pour ces pasteurs semi-nomades, les vaches sont le pivot de l'existence : le lait caillé est la base de l'alimentation, et le cuir un élément essentiel à la fabrication de l'outillage. Les récipients permettant de baratter le lait sont fabriqués avec des panses de bœuf. Enfin, la graisse animale permet l'élaboration du maquillage. Car les femmes s'enduisent d'une pommade de couleur ocre, mélange de cette graisse animale et de poudre d'hématite qu'elles vont chercher dans la « montagne sacrée », un gisement d'oxyde de fer. Cette apparence extraordinaire a fasciné les visiteurs tout autant que Muriel Robin qui découvre à travers la famille de Katjambia des pratiques culturelles singulières.
L'eau étant taboue, les femmes font par exemple leur toilette par fumigation. Il n'est pas d'autres exemples au monde de ces pratiques. Dans l'intimité relative des cases sans porte, elles nettoient leur corps à l'aide d'un petit pot enfermant des braises qu'elles approchent de leur peau. C'est le sauna des Himbas. La chaleur provoque une importante sudation et ouvre les pores.
Au sein de la case, la fumée purifie également l'atmosphère. Fabriquées avec de la bouse de vache mélangée à de la terre, ces maisons attirent les insectes que la fumée permet d'éloigner.
Les Himbas ont su s'adapter avec majesté à ces territoires hostiles. Absence d'eau, chaleur extrême, éloignement… chaque difficulté s'est transformée en une pratique ou un tabou qui a forgé leur société. Mais, ayant longtemps vécu en autosuffisance, ils visitent désormais les supermarchés des villes environnantes. Pour acheter ces biens d'un autre monde, il faut vendre des vaches.
Muriel Robin, qui a accompagné les Himbas dans ces grandes villes, leur propose un autre voyage : la mer, qu'ils n'ont jamais vue. Pour les femmes, interdites d'eau, l'approche est difficile. Elles vont lever le tabou, toucher l'eau salée et regarder, le temps d'un partage, l'immensité liquide avant de retourner dans leur immensité aride, siège d'une culture qui, espérons-le, se projettera aussi loin dans le futur qu'elle s'enracine profondément dans le passé.

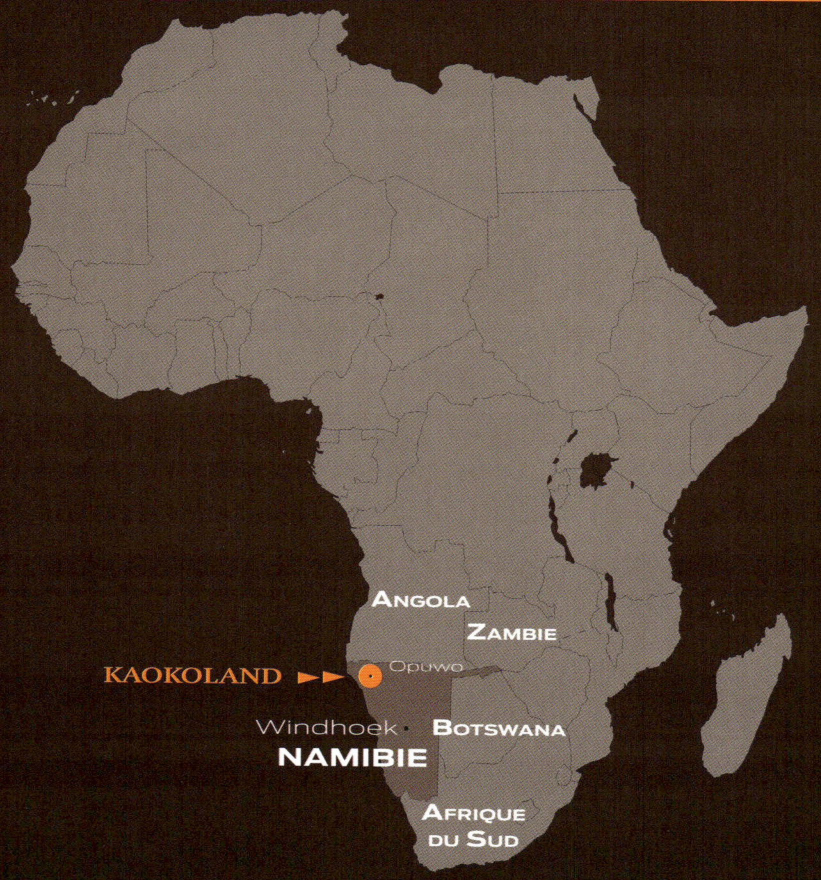

◄
La fierté des Himbas, ce sont leurs troupeaux de vaches ; ainsi, traditionnellement, les femmes se recouvrent-elles le corps d'ocre pour ressembler aux vaches rousses, les plus fortes. Sur la tête, une coiffe symbolise les oreilles de l'animal vénéré.

►
Un Himba sans bétail n'est rien. Tout au long de leur histoire, les Himbas ont été persécutés et leurs ennemis s'en sont toujours pris, d'abord, à leurs bêtes. Ils ont plusieurs fois été réduits à l'état de mendiants, et à chaque fois ils ont su reconstituer leurs troupeaux. Selon la tradition, le bétail leur a été confié par les ancêtres. C'est l'identité des Himbas, leur raison de vivre.

Le bétail, c'est l'identité des Himbas, leur raison de vivre.

Aujourd'hui, ce sont les femmes himbas qui sont les gardiennes de la tradition.

Le peuple ROUGE

Pourquoi ce nom ?

Parce que les femmes se couvrent entièrement le corps d'un mélange ocre d'hématite broyée et de graisse cuite. Ce maquillage n'est pas seulement esthétique, il permet de protéger la peau du soleil, de la sécheresse de l'air, du froid, mais aussi des insectes. Il est également hydratant, antiseptique et il empêche la repousse des poils. Outre les aspects pratiques, les femmes se maquillent pour ressembler aux vaches rousses, les plus belles, les plus fortes et les plus résistantes aux yeux de ce peuple d'éleveurs. Les femmes portent également une coiffe qui rappelle les oreilles des vaches. Le maquillage, la coiffure et les parures sont le cœur de l'identité himba. Trois couleurs prédominent. Le rouge, bien sûr, mais aussi le noir et le blanc. Les restes calcinés d'herbes odorantes forment une poudre sombre : un charbon qui, mélangé à de la sève et de la graisse, est appliqué sur le cou des femmes pour limiter le frottement du lourd collier qu'elles portent avec fierté. Ce mélange est également étalé sur tous les objets métalliques fabriqués avec des perles de fer ; c'est une excellente protection contre la rouille. Enfin le blanc de l'ivoire, des coquillages (comme l'ohumba, symbole de fécondité, que les femmes portent autour du cou), des os et de la corne achève de les rendre belles. Pour les Himbas, l'esthétique répond à des codes bien précis établis par les ancêtres. En effet, les parures des Himbas racontent leur vie : la présence d'un collier, la coiffure ou la forme d'une coiffe, par exemple, ont une signification. Elles renseignent sur l'état civil et l'histoire de leur propriétaire. Ce sont particulièrement les femmes qui perpétuent fièrement ces traditions depuis des siècles : elles peuvent porter jusqu'à vingt-cinq kilos de parures. Ce culte de l'apparence fait partie intégrante de la culture himba. Pour Katjambia, cette culture est primordiale. Elle est le lien direct avec les ancêtres. Et, selon une croyance himba, « l'âme des ancêtres maintient leurs descendants debout. Si le lien est rompu, alors c'est le peuple tout entier qui s'effondre. »

◄ Ce jour-là, Muriel a surpris tout le monde... et peut-être d'abord elle-même. Elle n'a pas résisté à la tentation de vivre cette expérience unique. Spontanément, elle s'est déshabillée et, comme les femmes himbas, s'est recouvert le corps d'ocre en se frottant contre la paroi. La mine d'Otchisé est la seule mine d'ocre du pays. C'est là que toutes les femmes himbas viennent chercher l'ocre dont elles ont besoin tout au long de l'année. Katjambia m'a avoué quelques jours plus tard qu'elle avait été très touchée par le geste de Muriel. Dans un pays où les Himbas sont méprisés par le reste de la population, elle a vécu ce moment de partage comme une vraie reconnaissance de son mode de vie traditionnel.

En ville, le choc des civilisations...

En ville...

À quelques jours de marche des campements traditionnels, Opuwo, la capitale du Kaokoland, offre de nouvelles tentations. Depuis son indépendance, en 1990, la Namibie a dû absorber des changements qui ailleurs se sont étalés sur plusieurs générations. Pour les Himbas, il est difficile de trouver sa place. Beaucoup d'entre eux ont succombé à la tentation d'aller habiter en ville. Certains ont déjà pris l'habitude de se rendre au supermarché. À force, ils finissent toujours par se créer des besoins pour certains produits. Mais pour s'offrir ces articles, il faut vendre des vaches, leurs seules richesses. Pour eux, le cercle vicieux se referme : s'ils vendent leurs bêtes, ils n'ont plus de quoi se nourrir. Ils doivent alors acheter plus de produits au supermarché et donc vendre d'autres vaches. Ainsi, ils finissent par abandonner leurs traditions et leurs vêtements, absorbés par la société namibienne...

Poutant, une minorité a choisi de garder fièrement le mode de vie et les parures des ancêtres. Comme Katjambia, ils bravent le regard méprisant du reste de la population qui n'hésite pas à les traiter de « sales » et de « babouins ». Katjambia ne va en ville que deux ou trois fois par an pour se rendre au dispensaire ou pour vendre du bétail. De passage, elle visite systématiquement la grande surface. Là, elle s'applique à conserver toute sa dignité dans un univers dont elle ignore encore les codes. Elle reste prudente : « Peut-être qu'un jour Dieu me donnera toutes ces choses. Je vis de manière traditionnelle et je n'ai pas besoin de tout ça. Mais je pense qu'on peut vivre dans la tradition en utilisant quelques nouveaux produits. »

Parée de ses atours traditionnels, Katjambia ne fléchit pas. Mais quel sera le choix des jeunes soumis à la pression du pays pour leur faire abandonner la tradition ? Réussiront-ils à résister aux tentations de la ville, à la société de consommation ?

◂
Une image émouvante de deux des petites-filles de Katjambia : à gauche, l'aînée, que sa mère envoie à l'école « pour qu'elle puisse voir si nous vivons vraiment dans les ténèbres dont les autres parlent ». Lorsqu'elle rentre dans sa famille, elle enlève son uniforme, se pare d'ocre et porte de fausses tresses pour ressembler à sa sœur et aux autres petites filles du campement.

« Oui, c'est vrai que les gens nous traitent de tous les noms, mais on se dit que nous sommes aussi humains que les autres. Nous avons des yeux, des mains, nous avons un langage. Nous avons des animaux et en fait, dans un sens, nous sommes riches ! Nous sommes des êtres humains, même si nous nous couvrons d'ocre rouge ! Et si vous prenez de l'eau et que vous lavez l'ocre, peut-être que je suis même plus blanche que vous ? Vous seriez peut-être surpris ! Le fait est que nous ne voulons pas suivre ce que les autres nous disent de faire, et c'est pour cette raison que nous avons pu préserver notre culture si longtemps. Nous suivons les traditions que nos parents et nos grands-parents nous ont transmises et nous ne voulons pas suivre des idées que nous ne connaissons pas et que l'on nous impose. »

***Katjambia*, avril 2006**

Muriel Robin leur propose un autre voyage : la mer, qu'ils n'ont jamais vue. Pour les Himbas, découvrir la mer a été un choc. Ils ne connaissaient pas ce terme : le mot « mer » n'existe pas en langue himba. Certains en avaient entendu parler comme d'« un monstre qui fait beaucoup de bruit et beaucoup de fumée ». L'océan Atlantique, infini, devant leurs yeux émerveillés. Ils ont levé un tabou pour permettre aux femmes de toucher cette eau glaciale. Ngavikupe s'est agenouillé pour remercier son Dieu d'être là. Un moment inoubliable…

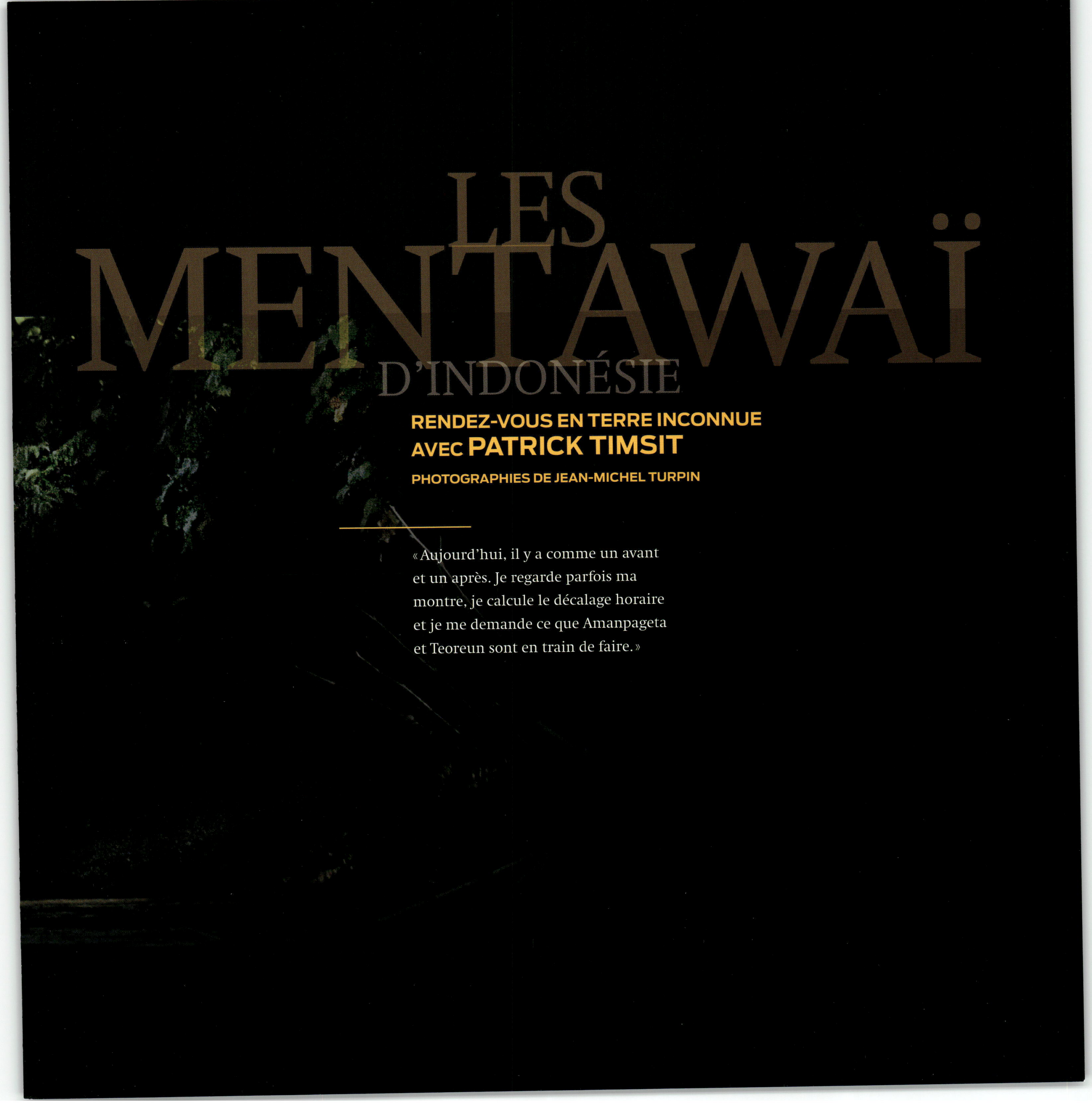

LES MENTAWAÏ D'INDONÉSIE

RENDEZ-VOUS EN TERRE INCONNUE AVEC PATRICK TIMSIT

PHOTOGRAPHIES DE JEAN-MICHEL TURPIN

« Aujourd'hui, il y a comme un avant et un après. Je regarde parfois ma montre, je calcule le décalage horaire et je me demande ce que Amanpageta et Teoreun sont en train de faire. »

«

En parlant de ce projet à une amie proche, je lui ai dit : « Voilà un voyage que je ne ferai jamais. » Elle m'a répondu : « On te bande les yeux, on te met de la musique dans les oreilles, on te téléporte à l'autre bout du monde avec des gens que tu ne connais pas... Quand est-ce que tu auras de nouveau dans ta vie l'occasion de vivre une telle aventure ? » J'ai réalisé et accepté sur le champ, en demandant à ce que les règles du jeu soient bien respectées, qu'aucune information sur le voyage ne me parvienne avant le départ.

Aujourd'hui le lien est là entre eux et moi. Mais aussi – ce qui est formidable – ce sont tous ces témoins qui, devant leur télé, ont partagé notre émotion. Les gens ont retenu l'essentiel de cette aventure, la rencontre avec l'autre, davantage que le côté sensationnel de cette expérience. Ils connaissent le nom des Mentawaï et des différentes personnes présentes dans le film. C'est bouleversant de savoir que ces gens dans l'ombre, inconnus encore hier, ont touché par leur histoire le cœur de millions de Français.

Cet épisode de ma vie m'a fait comprendre que c'est notre culture, notre civilisation occidentale, qui crée nos manques et nos besoins. Et que ces besoins peuvent, ailleurs, très vite rompre un équilibre. Nous sommes allés dans le village voisin, et j'ai pu voir des Mentawaï à qui les autorités avaient distribué des vêtements et une télé. Cette télé ne parle pas leur langage. Ils n'ont rien pour raccommoder leurs vêtements déchirés. Cet humain qui n'a plus de contact avec sa culture est un Mentawaï réellement misérable.

Ces Mentawaï qui ont pu faire le choix de vivre en forêt sont en équilibre, en osmose avec leur culture et sont heureux.

Aujourd'hui, on sait qu'ils existent. À nous de faire passer le massage : chaque homme est responsable de l'humanité.

»

Patrick Timsit

LES MENTAWAÏ

Les Mentawaï vivent sur l'île de Siberut, à l'ouest de Sumatra, en Indonésie.

La forêt d'abord, la forêt surtout. Elle est tropicale et recouvre la majeure partie de l'île de Siberut, la plus grande de l'archipel des Mentawaï, situé à cent cinquante kilomètres à l'ouest de Sumatra, en Indonésie. Il faut pénétrer le vert. Ce grand fourbi végétal, cet entrelacs de tiges, de lianes, d'arbres. À n'y rien comprendre. La pirogue avance, plus ou moins lentement. Soumise. La hauteur de l'eau décide. On annonce six à douze heures de voyage, il en faudra plus, mais les heures ne se comptent pas ainsi. L'homme n'est pas partout chez lui sur cette planète. Les Mentawaï le savent. Ces hommes-fleurs, qui ornent leurs cheveux d'hibiscus, ont su habiter la nature sans jamais chercher à la dominer. À l'heure des grands questionnements écologiques du monde occidental, les Mentawaï apportent la réponse d'un possible partage. À chacun sa place. L'homme et le végétal peuvent cohabiter sans s'anéantir. Toute la culture mentawaï repose sur le principe de restitution. Lorsqu'ils coupent un arbre, les hommes-fleurs en plantent un autre. La religion chamanique est au cœur même de cette attitude respectueuse de l'environnement. Elle est une forme d'écologie mystique. La vision chamanique de l'équilibre cosmique est largement fondée sur l'idée de fournir une compensation aux animaux et aux plantes dont les hommes se nourrissent. Cette recherche d'un monde en équilibre auquel il faut rendre ce que l'on prend explique le maintien exceptionnel du milieu forestier. La forêt sert à tout. Lors de la préparation du sagou, le bois de l'arbre est débité en bûches, coupées en deux pour nourrir les cochons. Raclé, le même bois est utilisé pour alimenter les poulets. Les tiges des feuilles permettent la confection de sacs et des parois des maisons. Imperméables, les feuilles protègent les toits. Enfin, pour obtenir la farine de sagou, base de l'alimentation mentawaï, l'intérieur du tronc est d'abord râpé, puis tamisé et trempé avant d'être stocké. C'est aussi la nature qui inspire l'art du tatouage. Il donne au corps la beauté dont il a besoin pour que son âme se plaise en lui. Le liquide utilisé est obtenu en mélangeant de la suie récupérée sous une vieille marmite avec du jus de canne à sucre dans une moitié de noix de coco vide. Après avoir dessiné le motif désiré sur le corps, le vrai tatouage peut débuter à l'aide du *patiti*, instrument en bois dont l'une des extrémités est recourbée et dans laquelle est fixée une pointe de laiton. Longtemps interdits sous la dictature du général Suharto, les tatouages sont aujourd'hui tolérés. Quelle dictature pourrait cependant empêcher des pratiques qui sont au fondement même d'une culture ? Les Mentawaï sont l'expression de la rencontre de l'homme avec le sacré dans un environnement naturel unique. L'homme s'est ici fondu dans le grand vert, désormais devenu, pour nous comme pour eux, la couleur de la vie.

Les hommes-FLEURS

Des sourires et des fleurs...
Ce surnom, les Mentawaï le doivent à leur sens aigu de l'esthétisme. Pour les ethnologues, ils seraient à l'origine des premiers tatouages de l'histoire de l'humanité. Des dessins symboliques, à base de pigments naturels et de cendre, sont directement incrustés dans la peau pendant des séances de tatouage longues et douloureuses. Pour les Mentawaï, la beauté est une valeur essentielle qui assure le bien-être de l'âme dans le corps. Les Mentawaï sont animistes. Pour eux, les hommes, mais aussi les animaux, les plantes et même les objets possèdent une âme susceptible de quitter son enveloppe matérielle, engendrant un déséquilibre, la maladie, voire la mort. Pour éviter que l'âme ne s'échappe, le corps doit être beau et la séduire.
Pour un plus beau sourire, les Mentawaï se taillent les dents en pointe et chaque jour ils prennent un soin particulier à s'orner de pagnes, fleurs, feuilles, colliers et bracelets...
Les Indonésiens l'ont bien compris : l'équilibre du peuple mentawaï réside dans cette expression de la beauté. Ainsi, les dictatures successives ont tenté d'éliminer les Mentawaï en leur interdisant de se tatouer et d'arborer leurs tenues traditionnelles.
Des années d'exactions et de violences. Tatoués et tatoueurs étaient violemment arrêtés, et leur peau était brûlée. Pour empêcher les chamans de guérir les malades, leur longue chevelure, où résident leurs pouvoirs, était coupée. Aujourd'hui, la pression du gouvernement indonésien s'est relâchée. Ce culte de la beauté peut s'exprimer à nouveau au quotidien.
Pendant des générations, armés de sourires et de fleurs, les Mentawaï ont vécu en parfaite harmonie avec la nature, les esprits de leurs ancêtres et le monde vivant qui les entoure.
Un exemple pour le reste de l'humanité ?

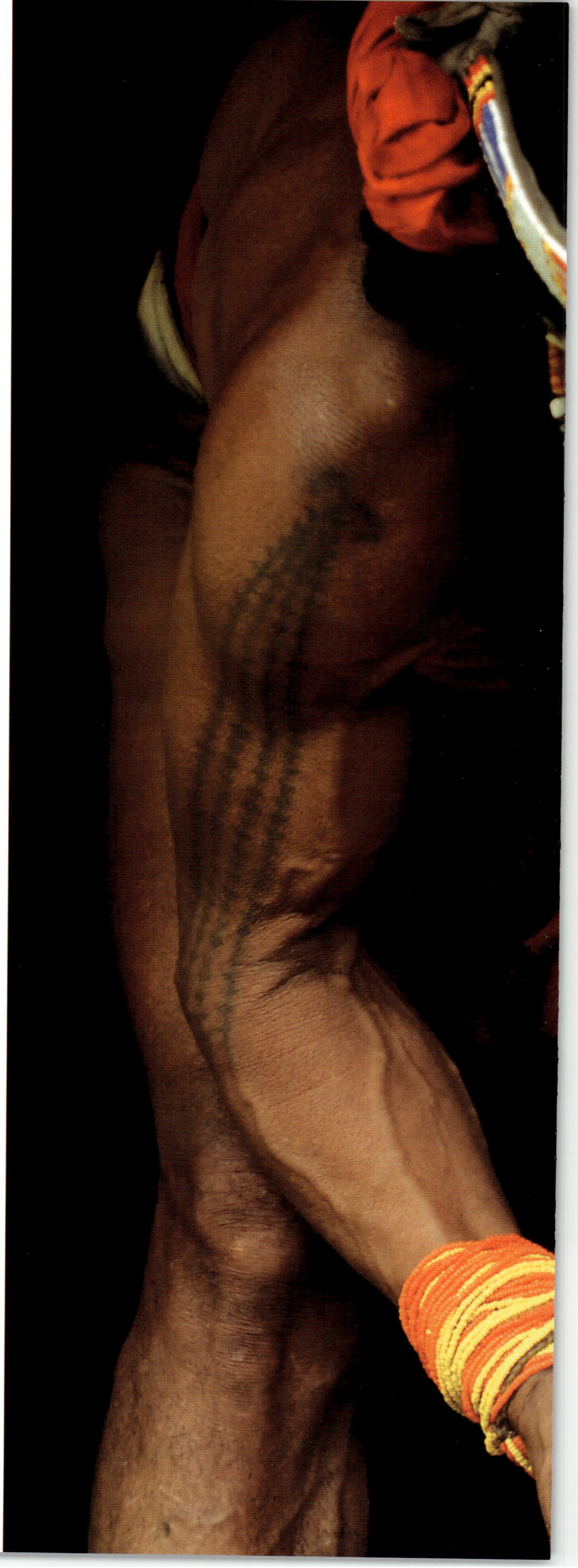

« Mon père était chaman. Un jour, les gens du gouvernement sont venus l'arrêter et l'ont emmené. Tout le clan était sous le choc. On ne savait pas ce qui allait lui arriver. Ils lui ont coupé les cheveux, qui retiennent le pouvoir des chamans, et ils ont brûlé toutes ses affaires destinées aux rituels. J'avais treize ans et jamais je n'oublierai cette humiliation. J'étais très triste pour mon père. Je n'arrivais pas à comprendre. Comment des gens peuvent-ils décider de détruire la vie d'un autre être humain ? Voilà sans doute pourquoi j'ai choisi de devenir chaman à mon tour. »

***Teoreun*, juin 2006**

▲
Rien n'est trop beau pour séduire l'âme. Le corps doit toujours être accueillant. Les femmes se mettent des fleurs dans les cheveux et utilisent des feuilles fraîches de bananier pour confectionner leurs tenues de pêche. Magnifiquement parées, elles sont également protégées des agressions du soleil et des insectes.

Un monde DE PARTAGE

En harmonie…

La culture mentawaï est fondée sur l'harmonie : avec la nature, les esprits, mais surtout entre tous les êtres vivants. Cette harmonie commence dans la maison commune, la *uma*. Ici, pas de hiérarchie, chaque décision est prise à l'unanimité. En cas de problème, toutes les personnes concernées se retrouvent et parlent pendant des heures, des jours, des semaines, pour trouver la solution qui conviendra à tous. Si l'unanimité n'est pas atteinte, la personne en désaccord quitte la maison pour créer un nouveau clan dans une nouvelle *uma*. Du nouveau-né au vieillard, en passant par les chamans, tous les Mentawaï sont égaux.
Ce n'est pas parce que le corps est petit que l'esprit l'est aussi. L'esprit est grand.
Au quotidien, l'égalitarisme de la société s'illustre de manière saisissante au cours des repas. Le moindre morceau de viande, – muscle, gras, abats – est réparti sur autant de plateaux qu'il y a de familles dans le clan, une part identique pour chaque membre de la famille, jusqu'aux plus jeunes pas encore sevrés. Après cette répartition parfaitement équitable, la nourriture est dégustée lentement. La part des tout-petits sera partagée entre adultes, plus tard, après leur avoir rendu hommage. Pour les Mentawaï, les enfants sont sacrés. Ils passent tout leur temps dans les bras de leurs parents, grands-parents ou des autres membres du clan. Ainsi, dès le plus jeune âge, ils apprennent les valeurs traditionnelles de l'harmonie et du respect dû à chaque être vivant.
Ici, on vit ensemble, mais surtout on travaille ensemble. Pas de chef, pas d'ordre… Chaque Mentawaï sait ce qu'il doit faire pour le clan.
Par mimétisme, les enfants apprennent les gestes ancestraux, et s'imprègnent tout en douceur de ces valeurs animistes et de l'égalitarisme qui sont les fondements de la culture mentawaï.

▸
Ce jour-là, à l'écart de la grande maison commune, Teoreun et ses frères se livrent à une activité particulièrement dangereuse : la fabrication des flèches empoisonnées. Un savoir-faire qui a valu aux Mentawaï une réputation de chasseurs redoutables.

◂
Le poison des Mentawaï est un mélange très étudié de feuilles, d'écorces et d'une racine toxique. Et puis du piment, qui accélère la circulation sanguine de la victime et précipite sa paralysie. Cette préparation n'est jamais faite devant les enfants : la moindre tentative d'imitation pourrait être mortelle...

◂
Pour un Mentawaï rater sa cible est vécu comme une véritable humiliation. Voilà sans doute pourquoi ils ont ri pendant un quart d'heure lorsque ma flèche est partie... à un mètre !

Les Mentawaï ont une réputation de chasseurs redoutables...

◄ ►
(1, 2, 3) Les Mentawaï sont animistes. Une vie harmonieuse dépend pour eux de leurs bonnes relations avec les esprits, notamment ceux de la forêt. Quiconque prend le risque de contrarier les esprits peut tomber malade. C'est toujours le chaman qui intervient pour apaiser les esprits et soigner les hommes : quand il est en transe, son âme quitte son enveloppe corporelle et communique avec l'invisible. Le chaman est une passerelle entre le monde spirituel et le monde des vivants.

►
(4) Dans la maison commune, le sacré est partout. Les crânes des animaux tués sont suspendus : leur regard est orienté vers l'extérieur lorsqu'il s'agit d'un animal de la forêt, et dirigé vers l'intérieur de la maison lorsqu'il s'agit d'un cochon d'élevage... Quant aux singes, ils ont une place à part : ils sont considérés comme les animaux domestiques des esprits...

Ce n'est pas parce que le corps est petit que l'esprit l'est aussi...
L'esprit est grand et les enfants sont sacrés.

◄ ▲
Pour les Mentawaï, depuis toujours « le bébé est une personne ».
Ici, il est naturel que l'homme s'occupe des enfants au même titre que la femme.
Troublant, quand on réalise que dans notre société occidentale, cela fait à peine une ou deux générations que certains hommes s'intéressent à leurs enfants en bas âge sans craindre de perdre leur virilité.

◂
Avec les Mentawaï, Patrick semble découvrir le lâcher prise.

▸
Huit jours séparent ces deux images. Entre le premier soir et le dernier, la magie de la rencontre a opéré.

LES NÉNÈTSES DE SIBÉRIE

RENDEZ-VOUS EN TERRE INCONNUE AVEC CHARLOTTE DE TURCKHEIM

PHOTOGRAPHIES DE XAVIER ROSSI

« J'ai fait encadrer plusieurs photos prises pendant le séjour et je les ai mises dans ma chambre. À chaque fois que je les regarde, je me dis que c'est incroyable d'avoir vécu une telle expérience. »

J'ai encore du mal aujourd'hui à réaliser que je suis allée là-bas.
Les conditions de vie y sont hallucinantes. Il est difficile de comprendre comment des êtres humains peuvent vivre ainsi. Le milieu est tellement inhospitalier ! Le danger est partout, à tout moment. On peut se perdre en trois secondes. Le brouillard tombe et on ne sait plus où est le campement. Le gros temps peut se lever subitement. Alors cette petite tente microscopique face à l'immensité glacée disparaît. Les enfants sont extrêmement surveillés. Aucun d'eux ne joue à plus de dix mètres. La réverbération brûle les yeux. Les Nénètses ont souvent des problèmes de vue assez jeunes. Ce sont des choses qu'on ne voit pas à l'écran, mais les - 30 ou - 50 °C sont bien là. Oubliez votre petite laine et vous êtes mort.

En me proposant de partir avec lui, Frédéric Lopez m'avait prévenue : " Toi qui voyages beaucoup, ce voyage-là, tu ne pourras jamais l'entreprendre seule. " J'ai été intriguée. Il a ajouté : " Pour des raisons que tu comprendras plus tard, il faut quelqu'un de costaud qui soit habitué au changement. " En effet, là-bas, il ne faut pas céder à la panique : si la tempête se lève, on ne peut plus bouger. Pas de moyens de secours, il faut attendre, c'est très impressionnant...

En fait, j'aime le froid, les déserts froids. Frédéric Lopez devait se douter qu'un séjour chez les Nénètses me plairait.
Au-delà du climat, j'ai été frappée par le fait que l'humour est un vrai moyen de communication. Je me souviens de fous rires, de moments de plaisanterie. Aujourd'hui je n'arrive plus à comprendre comment cela a pu se produire : comment peut-on rire ensemble sans partager les mêmes mots ? Il semble qu'il existe une forme d'humour universelle et non culturelle... C'est troublant.

Le public a ressenti tout cela. On m'a arrêtée des dizaines de fois dans la rue. Les gens sont à la fois émerveillés et bouleversés. Ils me disent que c'est une des plus belles émissions qu'ils aient vues. En fin de compte, ils ont le même sentiment que moi, celui d'une expérience unique.

CHARLOTTE DE TURCKHEIM

LES NÉNÈTSES

Les Nénètses vivent sur la péninsule du Yamal, en Sibérie, à l'extrême nord de la Russie. Au-delà du cercle polaire arctique.

Au-delà du cercle polaire, dans le Grand Nord sibérien, la péninsule du Yamal (une fois et demie la France) est un paysage apparemment immuable.
Celui qui regarde sans voir ne percevra de cette étendue qu'un désert blanc au sol gelé tout au long de l'année. Il faut être nénètse pour lire l'espace d'un coup d'œil.
La toundra, comme tout autre paysage, a ses repères : la trace d'un traîneau, la proximité d'une rivière.
Les Nénètses nomadisent dans ces régions depuis plus de 7 000 ans. Ce sont eux qui animent ces terres immobiles. Chaque année, ils parcourent soixante-dix fois la toundra sur plus de mille kilomètres à la recherche de pâturages de lichen blanc, principale source de nourriture des rennes.
La vie ici résulte d'une relation équilibrée entre l'homme et cet animal, qui fournit leur nourriture, mais aussi leurs vêtements, leur habitat (le *tchoum*) et leur outil de travail. La peau, coupée en spirale, sert à la fabrication des lassos permettant de capturer… les rennes.
C'est un cercle vertueux, le renne appelle le renne.
Il est également le moyen de transport le plus sûr.
Les motoneiges de l'époque soviétique ont parfois remplacé le traîneau, mais elles se révèlent coûteuses en essence et dangereuses lorsqu'elles tombent en panne au milieu de nulle part.
La dépendance de l'homme au renne est telle que la relation avec lui est fusionnelle. Le bien-être de l'animal prime sur toute autre considération.
Aussi la vie de ces hommes est-elle un perpétuel recommencement. N'avoir qu'un seul horizon, celui de la toundra, qu'une seule perspective, la quête de pâturages.
Qu'est-ce qui peut bien pousser des hommes et des femmes à vivre dans des conditions si difficiles, en ces terres où la température peut atteindre - 50 °C et où la nuit noire voile tout pendant trois mois de l'année ?
Kirill, qui est parti puis revenu, répond : « L'appel de la toundra. » La force d'attraction d'un paysage où l'on est né ne s'explique pas. Ni la collectivisation soviétique des années 1930, ni les assassinats de chamans par les communistes, ni les goulags où périssaient de riches éleveurs n'ont eu raison de leur quête.
La capacité d'adaptation des Nénètses leur a permis de résister au monde moderne. Les ethnologues parlent à ce titre d'exception culturelle. Ils ont su prendre le meilleur des deux mondes. Les Nénètses ont compris l'importance stratégique des villages, devenus de véritables bases pour l'approvisionnement, mais aussi des comptoirs pour les salaires, des filières pour la mise en place de réseaux commerciaux parallèles.
Si le village est à présent indispensable, c'est la toundra qui donne au Nénètse sa raison d'être, le nomadisme, sa fierté d'éleveur.
Mais sous le lichen blanc, le sous-sol lui aussi est riche. La province du Yamal fournit un quart du gaz naturel de la planète. Aujourd'hui, cette région est certainement l'une des seules de Sibérie à agir pour la défense et la protection de ses populations autochtones grâce aux revenus du gaz et du pétrole exploités sur tout son territoire. Il faut bien rendre un peu à ceux à qui l'on prend. Mais ce sont ces mêmes industries qui détruisent l'environnement et les pâturages et mettent en péril l'avenir de cette population.
Face à une telle contradiction, les Nénètses, peuple à la capacité d'adaptation sans pareille, trouveront-ils une solution pour préserver leur culture plurimillénaire ?

Les plus grands éleveurs DE RENNES DE LA PLANÈTE

Dans la toundra, les Nénètses sont éleveurs de rennes, et leurs troupeaux constituent leur unique moyen de subsistance et leur seule richesse.
Ici, le renne est précieux et son sacrifice, bien que nécessaire, n'est jamais réalisé à la légère. L'animal est tué par strangulation, la tête orientée vers le soleil par respect pour les dieux, et son sang ne doit jamais se répandre sur le sol.
La viande de renne est la base de l'alimentation des Nénètses. Mélangée à du sel et du sang frais, elle est le plus souvent consommée crue pour conserver toutes ses vitamines. Aucun morceau n'est perdu. Ce qui n'est pas mangé tout de suite est conservé et les restes de l'animal sont utilisés.
Les peaux entrent dans la confection du *tchoum*, l'habitat des Nénètses, et dans celle des vêtements. Dégraissées, grattées, fumées, elles sont travaillées pendant des heures avant d'être cousues les unes aux autres à l'aide d'une aiguille en os de renne et de tendons pour le fil. L'architecture des tenues traditionnelles nénètses reproduit exactement la constitution biologique des rennes : la peau des pattes est utilisée pour les bottes, le dos pour l'arrière des vêtements, les longs poils du cou pour les fermetures ventrales. Les robes des animaux sont parfois même reconstituées par souci d'esthétisme. Peaux et fourrures entrent aussi dans la fabrication des sacs, les poils les plus longs pour celle de couches pour les nourrissons, et les peaux les plus dures pour celle de matelas isolants et de coussins pour dormir.
Pour assurer sa survie dans la toundra, l'homme doit ainsi constamment veiller au bien-être des rennes.
Les protéger des loups, des insectes, des maladies, mais aussi les aider à trouver le précieux lichen blanc dont ils se nourrissent. Ils en consomment près de dix kilos chaque jour. Pour ne pas épuiser les réserves, il faut déménager régulièrement et trouver de nouveaux pâturages.
Et pour se déplacer, c'est encore le renne qui tire les traîneaux sur de très longues distances. Certains disent que tant qu'il y aura des rennes dans la toundra, il y aura des hommes...

◂
Le lasso est réservé aux hommes. Les Nénètses ont testé les matériaux modernes, mais ces derniers ne sont pas adaptés aux conditions de vie dans la toundra : les cordes gèlent, le nylon casse. Résultat, aujourd'hui encore le lasso est confectionné en peau de renne.

◂
Le plus souvent, la viande de renne est mangée crue. Mélangée au sang chaud, cette nourriture est la principale source de vitamines dans la toundra. Ce qui n'est pas consommé tout de suite est naturellement congelé par le froid ambiant. Ici, il fait parfois jusqu'à -50 °C.

▴
Les Nénètses attrapent les rennes au lasso. Leur agilité est stupéfiante. Ce sont bien les « princes de la toundra »…

« S'il est bien habillé et a de quoi manger, un Nénètse peut vivre dehors pendant dix jours si la température ne descend pas au-dessous de -40 °C. Une fois, je me suis perdu et j'ai dû marcher pendant plus de deux jours en me guidant avec les étoiles. Ce sont souvent les gens de la ville qui se perdent et qui meurent de froid. »

***Kirill,* mars 2007**

« C'est drôle de vous voir découvrir notre vie. J'aime vous montrer comment nous vivons. D'habitude, personne ne s'intéresse à nous. »

Oleg, **mars 2007**

Impossible pour Kirill de rester en ville, l'appel de la toundra est trop fort.

▲
Le *tchoum* est l'habitat traditionnel des Nénètses. Il est composé de soixante-quatre peaux de rennes. Deux couches sont nécessaires à l'isolation : une première couche de fourrure est disposée, les poils orientés vers l'intérieur, puis une seconde avec les poils tournés vers l'extérieur. Les *tchoums* d'un campement ne sont jamais très éloignés les uns des autres.

►
C'est autour du poêle que les Nénètses viennent se réchauffer. Il peut faire 20 °C dans le *tchoum*, mais la nuit le poêle s'éteint, et la température s'effondre. Il fait alors seulement 10 °C de plus à l'intérieur qu'à l'extérieur. Je vous laisse calculer la température qui règne dans le *tchoum* quand il fait -50 °C dehors...

▲
Pour placer le filet de pêche dans la rivière gelée, les Nénètses creusent, pendant des heures, sept trous dans la glace. Une couche compacte de près d'un mètre et demi d'épaisseur.

◄
Ici, le bois est rare, mais il est indispensable pour chauffer le *tchoum*, c'est une question de vie ou de mort. Une fois que les femmes l'ont ramassé, elles le plantent à la verticale pour éviter qu'il ne soit recouvert de neige.

◄ ▲ L'avenir des petits Nénètses est conditionné par la présence, dans le sous-sol, d'une gigantesque réserve de gaz naturel. La péninsule du Yamal fournit à elle seule 90 % du gaz de la Russie, premier pays exportateur de gaz au monde. Les pâturages étant mis à mal par l'exploitation, la compagnie Gazprom dédommage généreusement les populations autochtones, en remplissant les caisses des collectivités locales. L'école et le pensionnat sont neufs et suréquipés : des ordinateurs partout, des télévisions et des chaînes hi-fi dans chaque classe. Tout est gratuit. Un luxe lourd de conséquences : à la fin de leurs études, 60 % des jeunes Nénètses font définitivement le choix du confort et refusent de retourner dans la toundra.

Double page suivante
C'est l'heure du grand départ pour la transhumance. Une fois le campement démonté, il faut faire vite : à cet instant précis, les Nénètses sont en danger, totalement vulnérables aux intempéries.

Les nomades DE LA TOUNDRA

En apesanteur...

Les Nénètses se déplacent tout au long de l'année à la recherche de nouveaux pâturages pour les rennes : c'est la transhumance. Près de soixante-dix fois par an, ils déménagent pour aller là où la nourriture abonde. Le campement idéal doit être isolé, pour éviter que les troupeaux ne se mélangent, et situé près d'un point d'eau. Enfin, sous la neige, le sol doit être recouvert de mousses ou de lichen. La transhumance est toujours un moment crucial : entre deux installations, les éleveurs sont vulnérables, il faut faire très vite. Le *tchoum* (tente composée d'un plancher, et d'une trentaine de perches sur lesquelles reposent des peaux de rennes) est la propriété des femmes ; ce sont elles qui le montent et le démontent suivant un ordre très précis. En moins de deux heures, tout est défait. Les éléments du *tchoum* sont maintenus entre eux par des lacets et des cordages. Les croyances nénètses interdisent en effet de planter un pieu dans le sol de crainte de déranger les dieux de la terre. En cas de tempête, tout doit pouvoir s'attacher et se détacher en quelques secondes.
Ici, rien n'est inutile, tout est transporté... Pour déplacer un campement de cinq *tchoums*, la caravane est impressionnante : il faut compter plus de cent cinquante traîneaux tirés par des rennes. Chaque année, les Nénètses parcourent ainsi la toundra sur plus de mille kilomètres.

Le monde nénètse est mobile, souple, disponible pour de perpétuels ajustements au climat mais également aux chocs de l'histoire. Ici, rien n'est figé : c'est peut-être le secret de l'exception nénètse... Un secret qui leur a permis de conserver leurs traditions, sans tourner le dos à la modernité.

LES CAVALIERS MONGOLS D'ASIE CENTRALE

RENDEZ-VOUS EN TERRE INCONNUE AVEC BRUNO SOLO

PHOTOGRAPHIES DE JEAN-MICHEL TURPIN

« Aujourd'hui, quand mon regard se pose sur une carte, je vois la Mongolie et je suis fier d'y avoir vécu quinze jours de cette manière-là. »

Deux ans après, je peux dire que ce voyage me hante encore, mais je n'ai pas peur des fantômes. Cela n'a pas changé ma vision des choses puisque j'ai beaucoup voyagé étant jeune, avec mon père, dans des conditions similaires. J'avais déjà été en immersion totale. Ce documentaire ne donne pas une vision folklorique des cultures – c'est en cela d'ailleurs que je le trouve intelligent. En quinze jours, j'ai construit avec Batbayar, et grâce à la complicité de Frédéric Lopez, une relation qu'on met parfois dix ans à établir.
Nous sommes passés par tous les stades de l'évolution d'une amitié. Au début, c'était assez rude, il fallait apprendre à se connaître.
Nous n'étions pas encore dans l'affect. Il voyait en nous deux types susceptibles de l'aider dans son exploitation – il nous l'a dit après.
Il pensait: "Ces gars vont traire les juments, aller chercher de l'eau, tondre les moutons. On verra plus tard pour faire connaissance."
Et puis la relation s'est installée. Quelque chose de l'ordre de l'indicible. Parfois je me suis retrouvé seul avec lui, sans l'interprète, à chanter des chansons de chez moi, et Batbayar des airs de chez lui, sans que nous ne nous comprenions. Grâce à la musicalité, à une tape dans le dos, à des regards, la relation s'est construite autant qu'avec les mots.
On se rend compte que les hommes sont fondamentalement faits pour se comprendre et s'aimer. Le sourire va au-delà de la traduction. Étant donné que les Mongols sont assez tactiles, et que je fais partie des Européens tactiles, il y a beaucoup de choses qui sont passées ainsi…
Batbayar n'est pas représentatif des Mongols mais de lui-même. Il est athée, ce qui est assez rare chez les nomades. Un proverbe mongol, qu'il a fait sien, le définit assez bien: "Même si Dieu te le demande, tu ne lui donneras pas un morceau de cette terre." J'ai trouvé formidable de rencontrer une personne si libre qui ne s'embarrasse pas de conventions.
Le public a également eu le sentiment que j'avais rencontré quelqu'un de merveilleux.
Les gens étaient très émus.
Le soir où le film est passé à la télévision, j'étais sur scène. À l'issue de la représentation, j'ai consulté la messagerie de mon téléphone portable: je n'avais jamais reçu autant de SMS et de messages vocaux; mon répondeur était saturé. Ils provenaient de personnes que je n'avais pas vues depuis des années, de copains d'école, de ma famille éloignée, de proches me disant: "J'ai vu le film, j'ai pleuré en assistant à la rencontre de deux hommes."
Ils ont compris aussi que j'avais été témoin de moments privilégiés dans la vie de Batbayar: ses retrouvailles avec son père, la perte de son étalon…

Ç'aurait pu être quelqu'un d'autre que moi, mais sûrement pas quelqu'un d'autre que Batbayar. C'est un poète de l'instant qui mène une vraie réflexion sur son mode de vie, sur les choix de son existence.
Il a conscience du monde qui l'entoure, mais revendique le sien avec une vigueur, un enthousiasme et une bonne humeur que tout le monde a ressentis.

J'ai passé deux semaines sans contact avec ma famille. Elle me manquait, j'avais envie de la retrouver, mais en même temps, je n'avais pas envie de quitter Batbayar et la Mongolie.
Tout est dit.

Bruno Solo

LES CAVALIERS MONGOLS

Grande comme trois fois la France, la Mongolie abrite la plus faible densité de population au monde : moins de deux habitants au kilomètre carré.

Les cavaliers mongols vivent dans l'infini de la steppe, pays où rien ne pousse. Depuis 3 000 ans, ce peuple nomade s'est attaché à cette nature vague, comme le sont certains terrains. Seul 1 % de la superficie de ce pays est cultivé. Dans ce paysage du vide, les routes, les arbres, les rivières mais surtout les hommes sont rares. Pour vivre dans cette nature inhospitalière, ces derniers n'avaient qu'une solution : l'élevage.

Batbayar vient à la rencontre de Bruno Solo accompagné de trois chevaux. Ils sont le meilleur moyen de transport sur ces immenses plateaux dénudés. Plus qu'une nécessité, les chevaux sont pour les nomades leur énergie vitale, leur raison d'être… La passion d'un « peuple centaure » qui a inventé plus de trois cents mots pour qualifier l'animal. Batbayar est aujourd'hui l'un des meilleurs éleveurs de la région. Il n'a cependant pas toujours été nomade ; c'est par amour du bétail et du cheval qu'il est revenu habiter au milieu de la steppe, battue par les vents, où les écarts de température sont régulièrement de 80 °C. Il lui a fallu apprendre seul les gestes de ses ancêtres : traire les juments, tondre les moutons, peigner les chèvres qui donnent une des laines les plus prisées au monde, le fameux cachemire. La Mongolie en est le deuxième pays producteur après la Chine.

Les chevaux fournissent également une bonne part de l'alimentation des nomades. En effet, le lait de jument fermenté permet de fabriquer l'*aïrag*, une boisson alcoolisée, acide et pétillante, très prisée en Mongolie. Riche en protéines et en vitamines, elle est un élément essentiel dans l'alimentation carnée des nomades.

Nous sommes invités à partager sous la yourte les nourritures de la steppe : le *khermak* – sorte de beurre mélangé à de la farine, trempé dans un thé salé –, et le *horhog* – ragoût de mouton dont on accélère la cuisson en y plongeant des pierres brûlantes.

L'hospitalité mongole n'est pas un mythe, mais une règle de vie. Dans un tel isolement, impossible de laisser un homme seul. Aussi le moindre visiteur est-il honoré. Dès qu'il entre dans la yourte, on lui offre le meilleur. En l'occurrence les parties les plus grasses de l'animal, pas toujours faciles à avaler quand on n'y est pas habitué.

Parfaitement adaptée au milieu, la yourte isole de la chaleur estivale et des hivers rudes. Elle est organisée selon un ordre immuable autour du poêle central : à l'ouest le quartier des hommes et des invités, au centre la place des anciens et des esprits, à l'est le cœur de la vie conjugale et la place des femmes. L'agencement de l'espace domestique est le miroir d'une certaine représentation et hiérarchisation de la société des cavaliers nomades. Aisément démontable, la yourte résiste cependant bien aux tempêtes, les *zud*. Tel n'est pas le cas du bétail souvent décimé par ces bourrasques d'une grande violence qui provoquent des inondations, des tempêtes de neige ou des sécheresses.

Plus encore que les *zud*, une autre menace pèse sur cette culture. L'entrée brutale du pays dans l'économie de marché bouleverse les destins individuels et fissure les valeurs du peuple nomade. Attirés par les sirènes de la ville, les cavaliers mongols sont aujourd'hui de plus en plus nombreux à abandonner la steppe, ne laissant plus que le vent sur le dos des chevaux.

▸
Si la rencontre avec Batbayar nous a tellement marqués, c'est sans doute parce qu'il incarne, à lui seul, la fierté du peuple mongol. Après la chute du communisme, il a quitté la ville pour revenir sur la terre de ses ancêtres. Il a réappris les gestes des éleveurs pour vivre isolé dans la steppe avec sa famille, en quasi-autarcie. Il a réussi là où beaucoup ont échoué...

Les chevaux sont pour les nomades leur énergie vitale, leur raison d'être...

Le peuple CENTAURE

En Mongolie, le cheval est roi. Au XIIIe siècle, à l'époque de Gengis Khan, il a permis aux hordes mongoles de s'emparer du plus vaste empire que la Terre ait porté. Aujourd'hui, le pays compte autant d'hommes que de chevaux. L'animal est un véritable objet de prestige. Les éleveurs mongols tirent leur richesse des moutons et des chèvres, mais le cheval reste un animal mythique. Dans l'infini de la steppe, les cavaliers chevauchent fièrement leur monture pour parcourir des centaines de kilomètres.
Les enfants de ce peuple nomade naissent quasiment sur le dos d'un cheval. Très tôt, ils apprennent à apprivoiser l'animal et participent à de nombreuses courses. La plus prestigieuse, c'est la grande course du Naadam, fête nationale mongole qui se déroule sur près de trente kilomètres. Légers, les jeunes Mongols sont des cavaliers hors pair. Les parcours sont longs, épuisants, et les accidents ne sont pas rares. Mais peu importe, c'est la fierté de l'éleveur qui est en jeu et, selon un proverbe mongol, « quand un cavalier chute, le cheval pose sa crinière sous le cavalier pour qu'il ne se fasse pas mal ».
Le cheval doit impérativement gagner la course, quitte à franchir seul la ligne d'arrivée. Le vainqueur, ce n'est pas le cavalier mais le cheval. C'est lui qui est flatté et qui reçoit les honneurs. On lui verse sur la croupe de l'*airag*, le lait de jument fermenté, pour le féliciter.
Pour les Mongols, le cheval est un symbole, mais pour Batbayar, notre hôte, c'est presque une religion : « Chez moi, je n'ai pas de portrait de Dieu, mais un portrait de cheval. » Dans sa yourte, le cheval est partout : têtes sculptées sur les piquets centraux, statues, dessins… Batbayar possède plus de quatre-vingts chevaux. C'est un homme heureux, un homme fier.

▲
Ce jour-là, Jargalbat, le fils de Batbayar, participe pour la première fois à une course de chevaux. Il a seulement quatre ans. Son grand frère Khanddordj, onze ans, est déjà un excellent cavalier : « J'aime bien les courses. Je n'ai encore jamais gagné, alors si je gagne, je serai vraiment content. Mon papa serait très fier de moi. »

◀
Lancés au grand galop, garçons et filles sont très concentrés. Ils doivent à tout prix rester en selle sur les dizaines de kilomètres d'un parcours accidenté. Mais il faut également prendre la tête de la course : la fierté des éleveurs est en jeu. À l'arrivée, ce n'est pas le cavalier qui est félicité, mais le cheval.

◄
L'*aïrag* est une boisson presque sacrée en Mongolie. Alcoolisée, acide et pétillante, elle est obtenue par fermentation du lait de jument. Riche en protéines et en vitamines, l'*aïrag* est un élément essentiel de l'alimentation des nomades. Sa préparation demande de très longues heures de travail…

◄ ►
À chaque changement de saison, il faut démonter la yourte et partir vers de nouveaux pâturages. Ici, le sol est pauvre et les animaux épuisent rapidement la terre. À cet instant précis, j'ai l'impression de comprendre l'histoire de ce peuple. Ici, depuis des millénaires, pour rester en vie, les nomades mongols sont condamnés à errer dans cette immensité spectaculaire.
Depuis toujours, la steppe appartient à tous. Les éleveurs se déplacent et s'installent où ils le désirent. Cette liberté, c'est le fondement même du nomadisme. Pourtant, en 2003, à l'encontre de la tradition, le gouvernement a décidé de privatiser certaines terres. Les éleveurs comme Batbayar sont contre cette décision : « Les bêtes doivent toujours être libres de marcher sur notre terre et le peuple aussi. On ne doit pas privatiser la terre, c'est un principe. »

►
La principale menace pour le bétail, ce sont les *zud*. Ces épisodes climatiques extrêmes sont de plus en plus fréquents et dangereux. Ils provoquent des inondations, des tempêtes de neige ou des sécheresses qui font parfois périr la totalité du bétail. Voilà pourquoi la divinité suprême des Mongols est Tengri, le grand ciel, symbole de la puissance de la nature.

Entre la steppe ET LES BIDONVILLES

À cheval...

Dans les faubourgs d'Oulan-Bator, la capitale, le spectacle est saisissant : autrefois dispersées dans l'immensité de la steppe, les yourtes s'entassent ici dans des bidonvilles. Et ceux qui, hier encore, étaient de fiers éleveurs, errent aujourd'hui dans les rues de la ville. En effet, les conditions de vie dans la steppe sont très difficiles. Ces dernières années, une succession d'hivers très rudes et d'étés caniculaires a décimé le bétail. Plusieurs millions de bêtes ont péri. Privées de leurs troupeaux, des dizaines de milliers de familles n'ont plus d'autre possibilité que de venir gonfler la population des villes qui abritent déjà plus de la moitié des habitants du pays. Il faut dire que depuis la chute de l'empire soviétique, le chômage n'a cessé d'augmenter pendant que l'économie nationale s'effondrait. Aujourd'hui, plus d'un tiers de la population vit sous le seuil de pauvreté. On compterait 5 000 enfants des rues qui, abandonnés, livrés à eux-mêmes, sont obligés de se réfugier l'hiver dans les sous-sols de la capitale, pour se blottir contre les canalisations brûlantes. Batbayar, lui, a trouvé la force d'aller à contresens de l'histoire. Il a eu le courage de quitter la ville et a retrouvé la liberté dans la steppe. Un modèle pour la nouvelle génération.

▲ ►
Pendant notre voyage, et après quatre-vingts kilomètres à cheval, Batbayar nous a présenté son père. Il ne l'avait rencontré qu'une seule fois dans sa vie, l'année précédente. Des retrouvailles très émouvantes que Batbayar tenait à partager avec nous. Il était fier de montrer à son père que des étrangers étaient venus de loin pour s'intéresser à lui. La preuve qu'il était un éleveur exemplaire...

Moment privilégié : les retrouvailles de Batbayar et son père...

« Notre rencontre m'a appris qu'en dehors des langues et des religions, on est tout simplement des humains sur cette terre. »

***Batbayar,* juillet 2007**

LES AMHARAS D' ÉTHIOPIE

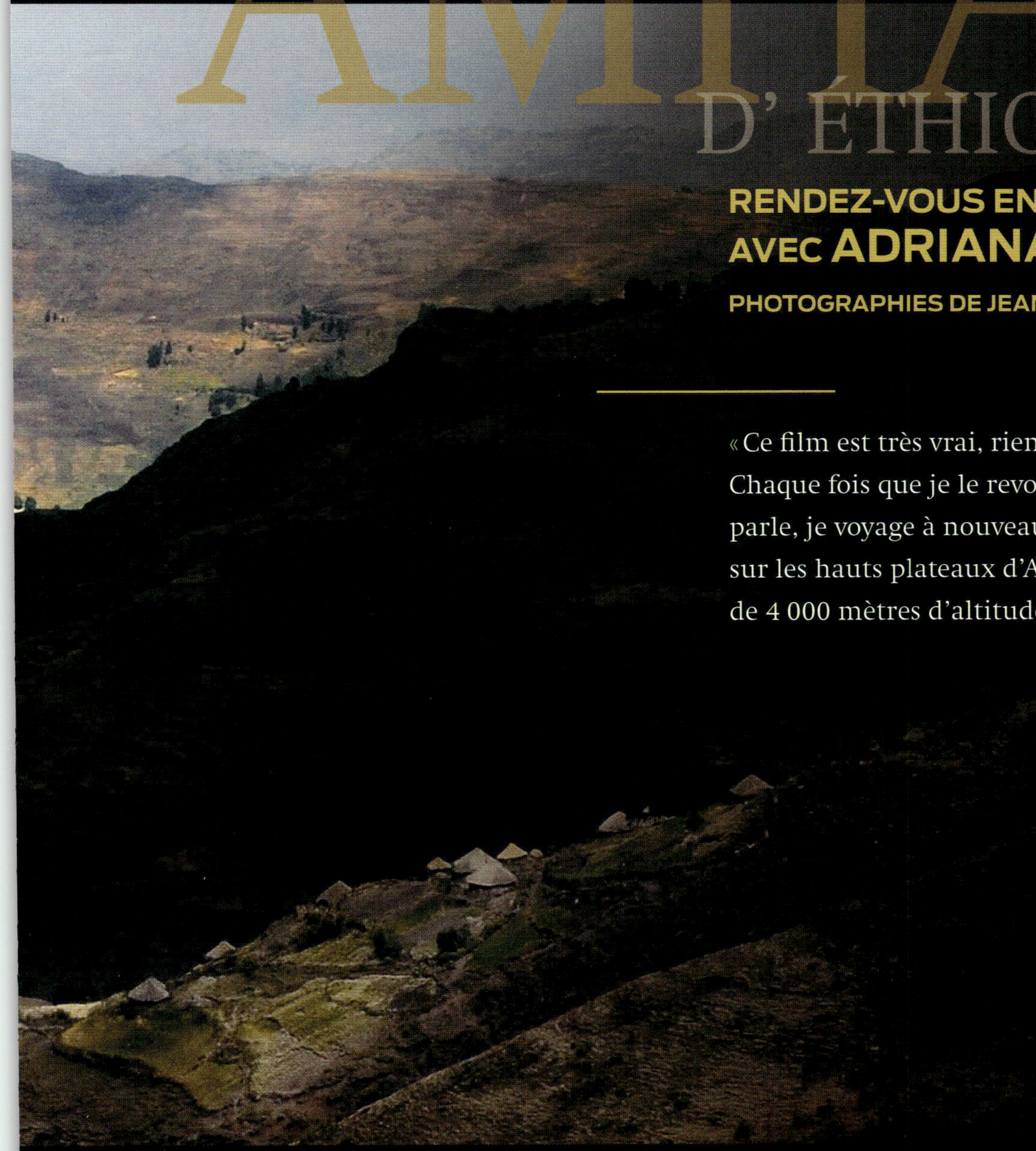

RENDEZ-VOUS EN TERRE INCONNUE AVEC ADRIANA KAREMBEU

PHOTOGRAPHIES DE JEAN-MICHEL TURPIN

« Ce film est très vrai, rien n'est artificiel. Chaque fois que je le revois ou que j'en parle, je voyage à nouveau. Je suis là-bas, sur les hauts plateaux d'Abyssinie, à plus de 4 000 mètres d'altitude. »

«

Cette expérience a marqué ma vie à bien des égards. J'ai découvert un pays et une culture qui m'ont impressionnée.
Les paysages de cette région d'Éthiopie sont splendides, mais c'est ma rencontre avec le peuple amhara et la famille de Sissay qui demeurera à jamais un souvenir unique.

Nous sommes partis quinze jours durant lesquels j'ai vécu au quotidien avec eux.
J'ai à présent cette pensée en tête: si j'étais née là-bas, quelle serait ma vie aujourd'hui?
Je ne peux m'empêcher de comparer nos existences. On ne peut qu'être perplexe face à l'évidence du destin. En fonction de notre lieu de naissance, la vie change tellement.
La rencontre avec un mode de vie différent permet aussi de mettre en perspective nos problèmes et forcément de les relativiser.
Je crois que ce voyage m'a permis de pouvoir prendre du recul par rapport aux difficultés de ma vie, qui ne sont plus que des petits bobos sans importance.
Là-bas, j'ai beaucoup réfléchi à la notion de bonheur. J'ai vécu en Slovaquie dans des conditions modestes, aussi je sais que le bonheur n'est pas lié au confort, ni à l'argent.
J'ai d'ailleurs vu la famille de Sissay heureuse, des enfants souriants et fiers d'aller à l'école.
On ne peut cependant pas nier que leurs conditions de vie soient extrêmement difficiles.

J'ai été à la fois surprise et émerveillée par cette famille, tellement courageuse à mes yeux. J'étais véritablement en admiration.
Cette rencontre a été un cadeau pour moi.
Elle m'a enrichie. Je sais aujourd'hui que chacun peut trouver son bonheur quelque part. Et puis la fatalité n'existe pas. Sissay en est la preuve puisqu'il a changé sa façon de penser en apprenant à lire.
Cette rencontre fut aussi celle d'un échange infini de tendresse et de complicité.
Cela n'était pas évident. J'ai d'ailleurs eu cette inquiétude avant de les rencontrer et cette interrogation: aurons-nous des points communs? Ou ne serons-nous que des étrangers qui se croisent? Mais j'ai compris qu'au-delà de la langue et des codes culturels, nous étions avant tout des êtres humains. Nous avons ri des mêmes choses.
Sissay devinait mes peurs. En chemin, il me tenait la main et testait chaque caillou sur lequel je devais poser le pied. Ce geste si paternel m'a émue.
L'émotion est passée à travers l'écran.
Beaucoup de personnes avouent avoir pleuré en regardant le film. Les gens ont perçu la dimension extraordinaire de cette rencontre magnifique. Ils ont également pu découvrir un pays et son peuple. Ils ont voyagé par procuration. J'aime cette idée que l'on se soit servi de moi pour montrer des choses importantes.

»

ADRIANA KAREMBEU

LES AMHARAS

Les Amharas vivent à 4 000 mètres d'altitude, dans les montagnes du nord de l'Éthiopie.

Sissay est apparu au bout du chemin qu'Adriana Karembeu et moi avons parcouru pendant de longues heures à travers une Afrique différente et secrète. Le nord de l'Éthiopie, l'Afrique des hauts plateaux d'Abyssinie, se hérisse à 4 000 mètres. L'air y est plus rare mais peut-être plus pur. L'homme a souri beaucoup, parlé un peu. Il a conduit ces étrangers jusque chez les Amharas.

Montagnards, agriculteurs et éleveurs, les Amharas ont dû s'adapter aux vertiges de la terre. Comme partout, la grande histoire et la petite se jouent là-bas au quotidien : celle d'un peuple et celle d'une famille. Les Amharas sont venus du royaume de Saba s'installer il y a 2 000 ans sur ces terres fertiles où les pluies sont abondantes et les maladies rares. Plus près du ciel, ils ont prospéré ainsi pendant des siècles, tant et si bien qu'ils sont aujourd'hui trop nombreux : la terre s'épuise, les sols s'effritent.

La forêt s'essouffle tout comme Mengist, la femme de Sissay, qui monte toujours plus haut pour trouver du bois. Lorsque la nature fait défaut, l'imagination prend le relais. L'agriculture est devenue plus « intensive ». Produire plus sur un espace limité. L'irrigation a été la solution. Elle permet de cultiver l'orge sur les deux hectares dont la famille a besoin pour se nourrir tout au long de l'année. La maîtrise de l'eau pour une vie meilleure ? Oui, mais le bonheur est venu d'ailleurs. La lumière a jailli de l'écrit. À quarante-trois ans, Sissay a appris à lire. Dans ses livres, il découvre que les droits de la femme et de l'enfant existent tout autant que celui de l'homme. La chose n'est pas évidente dans une société patriarcale et autoritaire qui prône la supériorité du masculin sur le féminin.

Le deuxième pays au monde à être devenu chrétien – l'Église orthodoxe éthiopienne, christianisme mêlé de croyances locales, est née il y a 1 700 ans – marie ses filles bien avant l'heure. Le mariage forcé est l'autre fléau de ces hauts plateaux. Moulou, la fille aînée de Sissay, se souvient : elle a quitté les siens à l'âge de douze ans. « Ce jour-là, je l'ai enterrée vivante », dit Sissay. Yekabanesh, la deuxième fille de la famille, a échappé au mariage car Sissay a compris que l'éducation est la clé de tout. Dans un pays où l'école n'est pas obligatoire, le savoir peut cependant sauver des vies. Il augmente les rendements de la terre, améliore les conditions d'existence et surtout détourne les jeunes filles d'un destin qui ne leur appartient pas.

C'est cette culture millénaire pourtant en devenir qu'Adriana Karembeu va découvrir. Parce qu'elle est une femme, parce qu'elle est libre, parce qu'elle est curieuse des autres, naissent entre elle et les femmes amharas une complicité et une intimité pleines de pudeur et de vérité. Sur le plateau de l'Abouna Yosef, où vivent les rares loups d'Abyssinie, un vent nouveau souffle, incarné par Sissay, père de famille et représentant d'un peuple, qui a compris que les traditions ne peuvent se perpétuer que dans le changement. Tel est le chemin de Sissay.

◄

La plupart des habitants de cette vallée sont agriculteurs. Ils cultivent essentiellement l'orge. Mais depuis plus de 2 000 ans qu'ils se sont installés ici, à 4 000 mètres d'altitude, la terre s'est épuisée et le rendement est de plus en plus faible.

►

Sissay, notre hôte, ne peut compter que sur lui-même pour nourrir ses six enfants. Il a deux hectares, pas un mètre carré de plus, pour faire pousser de l'orge et nourrir sa famille pendant toute l'année. Chaque jour, il doit rationner la nourriture pour que tous mangent à leur faim jusqu'à la prochaine récolte.

Double page suivante

Pendant deux semaines, Adriana a partagé le quotidien des femmes. Chaque jour, inlassablement, il faut gravir la montagne à la recherche d'eau et de bois.

Exploités depuis deux mille ans,
les terres disparaissent, les sols s'épuisent.

◂
Il y a quelques années, Sissay a découvert l'irrigation : une solution au manque de terre et aux faibles rendements, qu'il a vécue comme un miracle. « Nos parents ne connaissaient pas du tout cette technique. C'est le gouvernement qui nous l'a apprise. Avant de pratiquer l'irrigation, je n'arrivais pas à subvenir aux besoins en nourriture de toute ma famille. Mais à présent, grâce à cette formation, j'arrive à avoir un rendement bien meilleur qu'auparavant. Parfois, je réussis même à faire deux récoltes dans l'année. »

Double page suivante
Chaque lundi, le marché est au cœur de la vie des quatre mille habitants de la vallée. C'est ici qu'ils essaient de gagner un peu d'argent en vendant une partie de leur récolte. Étrange sensation de voyage dans le temps, aux origines de la Bible…

La religion continue d'orchestrer
la vie des montagnards...

Le berceau DE LA CHRÉTIENTÉ

L'Éthiopie…

L'Éthiopie est le deuxième pays au monde à être devenu chrétien, bien avant les pays d'Europe… Il y a 1 700 ans est née l'Église orthodoxe éthiopienne, un christianisme mêlé de croyances locales. Aujourd'hui encore, la population est majoritairement chrétienne et près de la moitié dépend de cette Église. Au nord du pays : Lalibela. C'est l'un des plus importants lieux saints d'Éthiopie. Le résultat d'une idée folle, celle d'un empereur qui lui a donné son nom. Au XIIe siècle, pour contrer l'expansion de l'islam, il décide de reproduire la ville sainte de Jérusalem en terre d'Abyssinie. Ses onze églises monolithes, sculptées dans la roche, auraient nécessité le travail de quarante mille hommes pendant une centaine d'années. La légende dit que c'est à Lalibela que le Christ a été crucifié. Tout Éthiopien nourrit au plus profond de lui-même le souhait de faire, un jour, un pèlerinage sur ce site. Mais dans un pays aussi pauvre, rares sont ceux qui, parmi les trente millions de chrétiens coptes, pourront réaliser ce rêve.

Dans le reste du pays, la plupart des églises sont modestes. Parfois, elles sont simplement creusées dans la roche. Chacune possède une copie des Tables de la Loi données à Moïse. Elles sont recopiées depuis des siècles par les prêtres sur des parchemins découpés dans de la peau de chèvre. Les prêtres ont une grande influence dans la communauté des hauts plateaux. Chaque famille est rattachée à l'un d'entre eux et il est souvent un guide consulté pour toute décision de la vie courante. Au rythme des devoirs et des interdits, cette religion continue d'orchestrer la vie des montagnards. Ils doivent observer plus de cent cinquante jours de jeûne dans l'année. On dit que les habitants des hauts plateaux sont venus s'installer ici, à 4 000 mètres d'altitude, pour trouver des terres fertiles, mais également pour se rapprocher un peu plus du royaume céleste.

◄

Yekabanesh, ici en blanc, est la fille de Sissay. Elle présente à Adriana sa meilleure amie, qu'elle n'avait pas revue depuis un an. Quand Yekabanesh a entendu que les parents de son amie allaient la marier de force, elle a réussi à la convaincre de s'enfuir loin de sa famille, loin de la vallée. Aujourd'hui, la jeune fille va à l'école. Elle vit à Lalibela, où elle a été recueillie par son oncle.

►

Bien qu'interdit par la loi, le mariage forcé reste une pratique courante dans ces vallées. Cependant certains, comme Sissay, ont pris conscience de la situation. Aujourd'hui, il lutte contre la tradition et se bat pour convaincre les autres habitants de la vallée de permettre à leurs filles d'étudier au lieu de les marier de force. Pour les victimes de cette tradition, Sissay incarne l'espoir d'un avenir meilleur...

Le mariage arrangé : UN VÉRITABLE FLÉAU

En Éthiopie et dans la région amhara en particulier, 50 % des filles sont mariées de force avant leur quinzième anniversaire et 70 % d'entre elles subiraient un acte sexuel avant leurs premières règles. Pour elles, les conséquences sont dramatiques : huit sur dix n'apprendront jamais à lire, beaucoup seront abusées sexuellement, et les accouchements précoces les exposent à un risque majeur : mourir en couches.

Les arguments sont d'abord économiques : les filles sont un fardeau pour les familles. Offertes en mariage, elles rapportent des biens, de l'argent ou du bétail. La culture et la tradition jouent également un rôle important : la mariée doit être jeune car, pour un homme, épouser une vierge, c'est une question d'honneur. Celui-ci est également mis à mal en cas de relations sexuelles et de grossesse hors mariage. Mais jamais il n'est question de l'honneur de ces jeunes filles, ni des conséquences physiques, intellectuelles, psychologiques et émotionnelles de ces mariages forcés.

Les grossesses et accouchements précoces sont lourds de conséquences : les décès dus à la grossesse sont la principale cause de mortalité chez les jeunes filles âgées de quinze à dix-neuf ans. Celles qui ne meurent pas sont largement exposées à des complications majeures, comme les fistules. L'ONU est formel : les jeunes filles sont plus vulnérables aux maladies sexuellement transmissibles comme le sida. En Afrique, 60 % des nouvelles infections au VIH sont enregistrées uniquement chez les jeunes femmes âgées de quinze à vingt-quatre ans. Cette réalité est insupportable et de nombreuses jeunes filles s'enfuient en ville pour échapper au mariage. Totalement démunies et livrées à elles-mêmes, la plupart finiront domestiques ou échoueront dans la rue, exposées à l'exploitation abusive.

« Le jour où j'ai marié ma première fille, Moulou, à l'âge de dix ans, c'est comme si je l'avais enterrée vivante. Je me rends compte aujourd'hui que je l'ai mariée beaucoup trop tôt. Ce jour-là, je l'ai tuée. À quarante-trois ans, j'ai eu une révélation. J'ai appris à lire et en découvrant les Droits de l'homme, de la femme et de l'enfant, j'ai compris mon erreur. J'ai annulé le mariage de sa sœur Yekabanesh et je veux que toutes mes autres filles aillent à l'école. »

***Sissay*, novembre 2007**

▸
À seize ans, Yekabanesh est une jeune fille heureuse. Elle remercie chaque jour son père de l'avoir sauvée du mariage forcé. Aujourd'hui, elle veut saisir sa chance et, pour se rendre à l'école, elle marche deux heures chaque matin et chaque soir, dans la montagne.

LES DOGONS DU MALI

RENDEZ-VOUS EN TERRE INCONNUE AVEC ÉDOUARD BAER

PHOTOGRAPHIES DE JEAN-MICHEL TURPIN

« Nous avons été accueillis de manière incroyablement naturelle. Au bout de deux jours, les Dogons trouvaient normal que nous soyons assis dans leur maison. Leur hospitalité est telle que des liens très forts se sont tissés. »

«

Je n'ai pas envie de parler d'émotion, de dire que je ne les oublierai pas, ce genre de choses… J'essaie seulement de savoir concrètement de temps en temps où en est Amadongo dans ses études, dont le début a été retardé par un problème de santé – il a dû quitter le village. De mon côté, je ne m'en suis plus occupé pendant quelques mois. Avec le rythme africain et une certaine légèreté que nous, gens du spectacle, manifestons parfois, tout avance lentement. Mais le plus important est que le lien soit là, et il me tient à cœur. Le public a aimé le film parce que, m'a-t-on dit (je ne l'ai pas vu), il ne tombe dans aucun des pièges de ce genre de film, essentiellement le sentimentalisme. Je ne l'ai pas vu parce que je l'ai vécu ; je ne peux pas le regarder, je ne pourrais que me voir en tant qu'acteur et juge de mon travail.

Les gens ont adoré le documentaire ; ils l'ont vraiment suivi avec passion. Ils ont pris à cœur de connaître le quotidien de ces personnes éloignées. D'une certaine manière, le côté ethnologique a disparu pour laisser place à l'humain : s'intéresser à quelqu'un, essayer de comprendre comment il vit.

Quand je réalise des films, j'ai l'impression que le public ne comprend pas toujours ce que j'ai voulu faire. Et puis je vais me balader dans un village africain, parler aux gens et, tout à coup, tout le monde me comprend. Comme si la démarche d'aller voir les autres était plus universelle et le message plus facilement compréhensible que celui que je fais passer dans mes films. Tout cela m'a un peu dérouté. J'ai fait ce voyage parce que j'avais déjà eu envie de partir à la rencontre d'autres cultures, mais en tant que journaliste. Je voulais être Tintin reporter. J'avais rêvé de faire une série comme celle d'Eric Idle des Monty Python : un candide se baladait à travers le monde pour la BBC. Peut-être était-ce parce que j'avais voyagé différemment avec Jean-François Bizot, le fondateur de Radio Nova. Alors, quand Frédéric Lopez m'a proposé ce voyage, j'ai pensé que c'était la bonne occasion.

Sur place, je n'ai jamais souffert du manque de confort ou de ce genre de choses matérielles. Parfois je me suis ennuyé, mais c'était un ennui propre à ces pays où il fait chaud : il y a des moments où l'on ne fait rien. Dans nos sociétés, nous avons tendance à penser qu'il nous faut beaucoup de distractions pour ne pas être inquiets et nous sentir heureux. Or là-bas, je me suis rendu compte qu'il n'en était rien. Je pouvais m'asseoir dans une cour, ne rien faire, et pourtant être assez serein. C'était très rassurant.

À présent, j'ai envie de savoir comment ils vont. Je pense que je retournerai un jour voir Ama Ibé, sa femme, ainsi qu'Amadongo et quelques autres. Sans façons, je frapperai à leur porte pour prendre de leurs nouvelles. J'irai également voir l'ethnologue rencontré pendant la procession des masques. Il vit à Bamako et a un projet de restaurant. J'essaierai sans doute de l'aider.

»

Édouard Baer

LES DOGONS

Le pays dogon se situe dans la zone sahélienne, au cœur du Mali. De part et d'autre de la falaise de Bandiagara.

Au cœur de l'Afrique de l'Ouest, il y a 600 ans, des hommes se sont installés sur la falaise de Bandiagara, cette corniche haute de 200 mètres qui s'étire sur plus de 200 kilomètres au beau milieu du Sahel. Dans cette région de l'impossible, ils ont creusé la roche et construit de véritables citadelles au milieu des éboulis, donnant naissance à une des cultures les plus singulières, celle des Dogons.

Les Dogons habitent ces paysages balayés par les vents du Sahara où les températures avoisinent les 45 °C et où l'eau manque cruellement. Marcel Griaule, l'ethnologue qui organisa la mission Dakar-Djibouti au début des années 1930, en compagnie entre autres de Michel Leiris, participa au développement de la région en favorisant la construction d'un premier barrage. Aujourd'hui, Ama Ibé a, d'une certaine façon, pris le relais. D'allure noble, c'est un patriarche respecté de tous pour son engagement dans la préservation de son village. En creusant la roche en aveugle pendant des années, Ama Ibé a trouvé de l'eau. Ainsi, au milieu de ces terres arides, comme abandonnées, la solution est venue de la persévérance d'un homme.

Malgré ces conditions de vie difficiles, Amadongo et Yama, nos jeunes guides nés sur ce plateau où vivent encore quatre cent mille Dogons, refusent de partir. Ils sont tous les deux fiers de partager avec Édouard Baer leur attachement pour leur culture et dévoilent un peu de son mystère. Ainsi lui soufflent-ils à l'oreille ce qui se passe un matin, lorsque le village est traversé par une étrange procession masquée.

Ils vont aussi lui faire partager un moment unique et crucial pour eux : une pêche dont va dépendre leur prospérité. Chaque année, à la même date, les Dogons convergent de toute la région vers Antogo, pour participer à une pêche sacrée destinée à conjurer la sécheresse. Là, scène extraordinaire, plus de trois mille hommes tentent d'attraper un poisson porte-bonheur qu'ils rapporteront au village et qui, une fois séché et réduit en poudre, sera répandu sur les semences. Une promesse de fertilité et d'abondance pour la récolte future sur laquelle repose l'avenir de tout un peuple.

Survivre EN PAYS DOGON

Un défi à la nature...

Traditionnellement, les Dogons sont cultivateurs. Dans cette région sahélienne où l'eau est un trésor rare et la terre quasiment inexistante, cela relève de l'exploit. Pour rester sur cette terre, les Dogons sont voués à défier la nature en permanence. Une nature dont ils dépendent et qui les rend vulnérables. Le mil est la base de l'alimentation des Dogons, mais sa culture dépend de la pluie, et ici, les précipitations sont exceptionnellement rares et moins abondantes d'année en année. Les récoltes ne sont plus suffisantes pour assurer la survie des familles.
Il faut donc trouver une source de revenus pour acheter plus de mil. La solution, ce sont les oignons et le tabac qui seront vendus au marché. Mais là encore, rien n'est simple. Pour ces cultures, les Dogons doivent « fabriquer » des jardins à partir de rien. Laborieusement, pendant des heures, ils cassent des rochers et disposent les gros cailloux un à un pour délimiter des parcelles. Ces petits carrés de pierre seront remplis avec de la terre ramassée souvent bien loin des villages, transportée puis répartie sur la roche. Une fois les plantations effectuées, il faut encore trouver de l'eau pour les arroser. Les plus chanceux ont une rivière qui coule non loin des jardins. Inlassablement, il faut remplir les calebasses et faire des milliers d'allers et retours pour arroser chaque carré. Mais les rivières ne sont pas assez alimentées. Elles sont à sec une grande partie de l'année.
Ces conditions de vie difficiles font souvent fuir les jeunes. Ils sont nombreux à quitter le pays dogon avec l'espoir de trouver un travail et de gagner assez d'argent pour subvenir aux besoins de la famille restée au village. Mais certains restent sur la terre de leurs ancêtres. Dans ce cas, il faut chercher de l'eau et faire exploser la roche pour trouver une hypothétique source dans les entrailles de la falaise. C'est ce qu'a fait Ama Ibé : pendant cinq ans, il a creusé un puits à la dynamite !
Un véritable bras de fer avec la nature, qui lui a valu les moqueries des villageois : « Même si ta mère était la femme de Dieu, tu ne trouverais jamais d'eau. » Pourtant, un jour, un miracle : la source est là, à plus de six mètres de profondeur... Aujourd'hui, un mince filet d'eau remplit doucement son puits. Et chaque jour, Ama Ibé peut arroser ses champs. Il réussit même l'exploit d'entretenir un petit potager où il cultive ses carottes, ses salades, ses tomates... Un véritable jardin secret.

L'eau, les Dogons doivent l'arracher des mains de cette terre qui n'offre rien.

▲
Dans cette région désertique, l'eau vaut tous les trésors, c'est même une question de survie. Chaque jour, Ama Ibé et ses fils arrosent les champs avec l'eau miraculeusement trouvée sous la roche qu'Ama Ibé a creusée pendant cinq ans. Ici, c'est du tabac qui pousse. Il sera séché puis vendu au marché.

►
Le pilage des oignons par les habitants du village est l'un des rares moments où hommes et femmes, toutes générations confondues, se réunissent pour partager des tâches pénibles qui se transforment en fête. C'est sous forme de boulettes séchées que les oignons seront conservés et vendus au marché. Lorsque la récolte est bonne, elle permet d'acheter suffisamment de mil pour nourrir tout le monde.

Le mystère DOGON

Un peuple fascinant…

Le peuple dogon a toujours fasciné les ethnologues et les voyageurs. Spectaculaires, mystérieux, énigmatiques… Des fantasmes qui, aujourd'hui encore, se mêlent à la réalité pour décrire une culture complexe.
Les Dogons sont traditionnellement animistes et composent sans cesse avec les esprits de chaque chose et de chaque lieu. Les interdits sont partout : entre fétiches et lieux sacrés, les villageois eux-mêmes ne sont pas à l'abri de commettre un impair. Mais ici, transgresser la règle peut porter malheur et mettre en péril la prospérité de l'individu ou de la communauté tout entière. Pour les Dogons, c'est parfois une question de vie ou de mort.
Dès qu'un interdit est transgressé, il faut à tout prix sacrifier un animal pour apaiser les esprits…
Après la mort, l'âme du défunt continue de vivre dans le village jusqu'à ce que soit organisée la levée de deuil : des hommes armés de lances, entièrement vêtus de noir et masqués, avancent vers le village et parcourent lentement ses ruelles, s'agenouillant devant chaque fétiche. Les femmes et les enfants sont cachés, ils n'ont pas le droit de porter leurs regards sur les masques noirs.
Le silence règne. Un homme seul parle fort, s'exprimant dans une langue secrète que seuls quelques anciens comprennent encore. C'est le début de la levée de deuil, qui se déroule sur plusieurs jours. Le but est de chasser l'âme du défunt hors du village et de lui permettre de s'installer sereinement dans l'autre monde. Pendant plusieurs jours, d'autres hommes, le visage recouvert d'un masque, coloré cette fois, feront leur apparition. Et une danse des masques clôturera la cérémonie : les jeunes initiés se défient en exécutant des figures imposées particulièrement impressionnantes. Cette tradition séculaire attire de nombreux Dogons venus de villages voisins.
La levée de deuil est devenue un événement exceptionnel. Tout comme les autres cérémonies animistes, elle coûte cher aux familles, qui se tournent souvent vers d'autres religions exigeant moins de sacrifices.
Aujourd'hui, l'islam s'est déjà étendu à 90 % de la population malienne.
Autrefois traditionnelles, ces cérémonies et danses des masques sont maintenant organisées pour les nombreux touristes prêts à payer pour étancher leur soif d'authenticité.
Résultat : un conflit des générations qui oppose les jeunes, attirés par cette nouvelle source de revenus, et les anciens. Ama Ibé, notre hôte de soixante-dix-huit ans, est formel : « Jamais je ne trahirai la mémoire de mes ancêtres pour gagner ma vie. Je ne le ferai jamais… jamais. »

◄
Cette procession d'hommes au masque noir marque le début de la cérémonie dite de la « levée du deuil ».
Une cérémonie exceptionnelle, de plus en plus rare, qui a pour but d'éloigner du village l'âme du défunt.

◄▲
En quelques jours, Édouard a été accepté dans le monde des femmes. Ici, elles sont soumises à de très nombreux interdits car, selon les croyances dogons, les femmes ont le pouvoir de désorganiser et de fâcher les esprits. Instants uniques de complicité. Le temps d'une danse ou d'un massage, tous les esprits semblent apaisés...

Les grimpeurs d'Ireli forcent l'admiration de tous...

▸
À plus de cent cinquante mètres du sol, suspendus dans le vide, les grimpeurs d'Ireli descendent le long de cordages à la seule force des bras. Leur savoir-faire ancestral se transmet de père en fils, mais seuls les plus courageux deviendront grimpeurs. Ils interviendront lors des funérailles pour déposer la dépouille du défunt dans une grotte de la falaise de Bandiagara. Ils explorent également la roche à la recherche du guano déposé par les oiseaux dans des cavités presque inaccessibles. Cet engrais naturel est extrêmement efficace et précieux, mais de plus en plus rare.

▲ ►

Chaque année, à la même période, la pêche d'Antogo est un événement qui réunit plusieurs milliers de Dogons venus de tout le Mali. Cette pêche miraculeuse est réservée aux hommes. Ils se réunissent sur les rives de la mare sacrée et, au signal, se jettent à l'eau dans l'espoir de pêcher un ou plusieurs silures. Ce poisson est un porte-bonheur. Ne pas en rapporter au village est un déshonneur pour le pêcheur, et un très mauvais signe du destin pour tout le clan. Ce jour-là, pour les fils d'Ama Ibé, la pêche a été bonne et ils pourront rentrer fièrement chez eux. Les poissons seront séchés et réduits en une poudre qui sera répandue dans les champs. Une promesse de fertilité et d'abondance pour la récolte à venir…

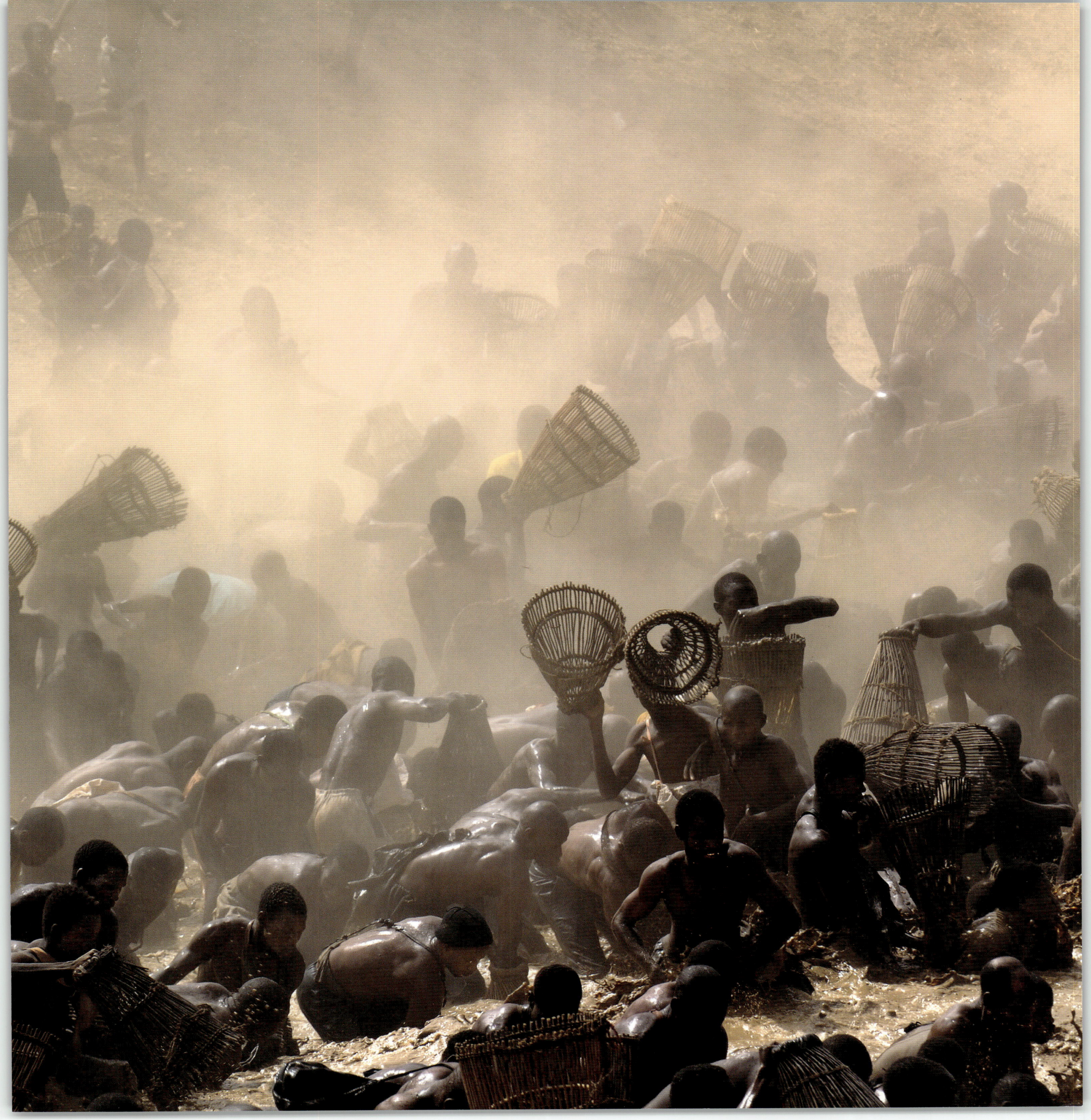

LES KORowaï
DE PAPOUASIE OCCIDENTALE

RENDEZ-VOUS EN TERRE INCONNUE
AVEC ZAZIE

PHOTOGRAPHIES DE JEAN-MICHEL TURPIN

« Pour la première fois de ma vie,
je me suis sentie profondément mortelle.
J'ai eu tout à coup la conscience aiguë
d'un début et d'une fin. »

«

Avant de partir, j'ai beaucoup pensé à ce voyage. Sur place, l'expérience était tellement intense d'un point de vue émotionnel que je l'ai vécue sans vraiment la comprendre.
Je l'ai appréhendée au sens fort du terme, mais il m'a fallu un an pour assimiler ce qui s'était passé.

Un tel voyage oblige à beaucoup de souplesse par rapport à soi-même, à sa façon de vivre, de penser. Même si l'on croit être très ouvert, on se rend compte que l'on a plus d'idées reçues que l'on ne pensait. J'ai vécu cette expérience de manière très sensitive. Il m'a fallu voir le film plusieurs fois pour prendre conscience de ce qu'avait été ce voyage. Cette impression était partagée par Frédéric Lopez qui, lui, a fait d'autres voyages et rencontré d'autres peuples. Chez les Korowaï, le milieu est tellement hostile pour nous qui n'y sommes pas habitués, et la rencontre avec l'autre tellement radicale, que ce n'est qu'après que nous avons réalisé à quel point tout cela était extraordinaire.

Aujourd'hui je garde un souvenir très visuel de ce voyage, où le vert omniprésent contrastait tellement avec les couleurs de Paris. Mais encore une fois, c'est en regardant le film que j'ai pu prendre acte de cela.
Il m'arrive souvent de penser aux Korowaï et de me demander ce qu'ils sont en train de faire. J'ai recommencé à écrire et je pense à eux, même si mes chansons ne parlent pas d'eux directement. Je pense à l'indicible, à la communication au-delà des mots, des principes établis. On a réussi à être émus par les mêmes choses. Lorsque j'ai chanté le dernier soir, l'émotion n'est pas née de ma voix, ni des accords de guitare, mais de la sensation pour eux comme pour moi de vivre un moment hors du commun. J'ai toujours pensé qu'au-delà de la culture, l'art permet à tout un chacun de ressentir des émotions.
Là-bas, face à leurs réactions, j'ai été confortée dans cette idée et dans le choix de mon métier. Je cherche à toucher le cœur des hommes au-delà des acquis.

Cette expérience a été un bon apprentissage de ce point de vue, mais aussi par rapport à moi-même. Sans être narcissique, tout voyage est aussi intérieur, de soi à soi. Peut-être parce que la mort est très présente là-bas. J'avais déjà ressenti cela en Inde mais dans un milieu urbain où j'étais moins vulnérable. Là-bas, j'aurais été incapable de survivre sans les Korowaï plus de deux jours. Dans cet environnement, ce sont eux les gagnants.

Vivre dans un monde si différent où personne ne vous connaît, ne vous reconnaît, permet aussi de relativiser nos vies ici.
En tant qu'artistes, on a tendance à évoluer dans un monde très centré sur nous-mêmes. Un monde cependant très réduit. La France est déjà un tout petit pays sur la carte, alors notre microcosme n'est pas grand-chose…
Le voyage permet d'ouvrir cette brèche et de se replacer à la bonne échelle. Un peu comme quand on mesure un centimètre sur une carte face à l'immensité du monde. Ce voyage a été ainsi un bon mètre étalon pour moi.

»

Zazie

LES KOROWAÏ

Les Korowaï vivent en Indonésie, dans la forêt primaire de Papouasie occidentale.

Une clairière quelque part en Papouasie occidentale. L'endroit semble inaccessible et pourtant des hommes y vivent. Au sein de cette forêt tropicale, la deuxième plus grande de la planète après l'Amazonie, la diversité humaine est même extraordinaire : 250 langues sont parlées dans cette région, et certaines ethnies ne seraient pas contactées. Au XXIe siècle, des zones y sont encore inexplorées, constamment recouvertes de nuages et donc invisibles par satellite.

Les Korowaï ne veulent pas abandonner la forêt, un environnement sur lequel repose leur culture, des plus singulières. Inconnu de tous il y a encore trente ans, ce peuple de chasseurs-cueilleurs n'a depuis cessé de fasciner les rares explorateurs qui l'ont rencontré. Zazie et moi avons voyagé cinq jours, dont une journée de pirogue et une de marche, pour partager le quotidien de Ndahi et son clan.

À l'approche de notre destination, les guides se mettent à chanter, par sécurité. Les Korowaï marchent toujours en chantant pour annoncer leur présence. Il est préférable de ne surprendre personne dans une région où les ennemis sont nombreux, si l'on en croit l'habitat unique au monde dans lequel ce peuple réside : des maisons perchées au milieu d'une clairière artificielle afin de voir arriver les ennemis de loin. Quels ennemis ? peut s'interroger le voyageur qui s'aventure pour la première fois dans cette région aux apparences trompeuses. La densité de la végétation ne laisse pas deviner que cette forêt est en réalité une mosaïque de propriétés privées.

Dans ces maisons perchées, le foyer occupe une position centrale : il nourrit et réchauffe – en langue korowaï, le même verbe, *alü*, signifie à la fois « réchauffer » et « cuisiner ». Tout le monde dort autour du feu. Comme le remarque Zazie la première nuit, le sommeil des Korowaï n'est pas continu comme le nôtre. L'activité se poursuit sous les étoiles : ils chantent, ils parlent, ils mangent…

Le sagoutier, une variété de palmier, fournit 85 % de leur alimentation. Un arbre providentiel auquel ils doivent leur survie. Aussi, à chaque arbre abattu, un autre est planté. Ils en cultivent une dizaine d'espèces ainsi que des bananiers et des patates douces. La première fois qu'un feu est allumé dans la maison, un petit morceau de sagou est placé dans les cendres. Une fois brûlé, ce morceau est placé dans la toiture ; il doit assurer l'abondance du gibier. Les cochons sauvages sont chassés avec des arcs et des flèches, ou attrapés dans des pièges. Les casoars sont également chassés à l'arc, mais aussi à l'aide de cordes de rotin tendues (sur les chemins connus des oiseaux) à une telle hauteur que le casoar s'y brise la nuque. Les poissons pêchés à la ligne ou capturés à l'aide de pièges complètent leur alimentation, comme les insectes et les larves, dont les enfants raffolent.

Cet environnement à première vue inextricable est pour les Korowaï un jardin dont ils sont les « seigneurs ».

Si, pendant des siècles, les Korowaï n'ont pas imaginé qu'il pouvait exister d'autres horizons que celui de la forêt, les jeunes générations ont découvert que la maison haute n'est qu'un habitat parmi tant d'autres. Certains refusent à présent de vivre nus comme leurs parents et migrent dans les villages les plus proches. Deux existences pour une seule et même culture…

Les Korowaï vivent dans l'une des régions les plus inaccessibles de la planète. Pour les atteindre, le voyage est long : il dure cinq jours. Après trois jours d'avion et une journée de pirogue, nous avons marché encore une journée entière dans cette forêt primaire. Épuisés, nous avons entendu au loin les premiers chants des Korowaï. Quelques instants plus tard, ils étaient là, devant nous. Nus, armés d'arcs et de flèches, mais le regard souriant. Une émotion inoubliable...

L'habitat des Korowaï

En apesanteur...
Ici, l'environnement est particulièrement hostile : serpents, araignées, moustiques, cochons sauvages... Les Korowaï ont trouvé la parade, ils construisent leurs maisons dans les arbres, à plus de dix mètres au-dessus du sol. Les « seigneurs du jardin » sont aussi les rois de l'adaptation. Ils abattent des arbres pour former une clairière et éviter qu'un tronc ne vienne s'abattre sur la future maison. Plusieurs souches sont épargnées, elles supporteront le plancher. La maison des Korowaï est entièrement végétale : bois, feuilles, écorces, fibres, liens en rotin. En apparence fragile, elle est en réalité très solide. Sa durée de vie moyenne est de cinq ans. Pour les Korowaï, cette maison est un univers à part entière. Elle sert même de repère dans leur existence. Car ici, l'âge n'est pas compté en années mais en nombre de maisons habitées.
Et chaque souvenir d'un Korowaï est associé à l'une d'elles.
Pour y accéder, de fins poteaux servent d'échelles où les barreaux sont des encoches creusées dans le bois. Fixés sur la plate-forme, les poteaux sont laissés libres au niveau du sol. Ainsi, les oscillations de l'échelle à l'intérieur de la maison peuvent signaler l'arrivée d'un ennemi. En montant, le visiteur amical doit chanter pour ne surprendre personne.

À l'intérieur, les hommes et les femmes vivent séparés, et une partie commune est réservée à la cuisine et aux repas. Au menu, tout ce qui est comestible dans la forêt : pulpe de sagoutier, cochon, vers, poissons...
Le feu sert à cuisiner, à se réchauffer et à éloigner les moustiques. Pour éviter les incendies, le foyer est suspendu dans un trou du sol par des liens de rotin : si le feu est incontrôlé, les liens sont coupés et l'âtre tombe à terre. Cette maison est un refuge pour les Korowaï. Pendant des années, pour les contrôler, le gouvernement indonésien a essayé de les faire descendre des arbres, de les faire s'habiller et venir habiter dans des villages. C'est là que certains jeunes rêvent de partir pour s'instruire. Ndahi, lui, a choisi de rester dans la forêt. C'est là qu'il dit se sentir libre.

▲
Les femmes ne se déplacent pas sans leur *noken*. Ce panier tressé en fibres végétales leur permet de transporter leurs outils, leurs collectes ou leurs enfants. Un bon moyen de les garder sous surveillance dans une forêt particulièrement hostile.

« Ce qui est certain, c'est que je préfère rester dans ma forêt. J'ai toujours refusé de vivre au village où rien ne m'appartient. Je ne voudrais pas vivre dans un endroit où je dépends de la nourriture de quelqu'un d'autre, ou pêcher dans une rivière qui ne m'appartient pas. Ici, je suis libre. C'est pour ça que je n'ai jamais voulu quitter la forêt, comme d'autres. Dans la forêt avec mes amis, on s'entraide, et ça me rend heureux. »

***Ndahi*, juillet 2008**

▲
Tout le clan participe aux activités quotidiennes. Le sagou est la base de la nourriture des Korowaï. Le palmier est abattu, le tronc dénudé et les fibres de l'arbre hachées. Ce travail est long et fastidieux, mais toujours accompli en chantant.

►
Les Korowaï se sont adaptés à leur environnement de manière extraordinaire. Ils possèdent de nombreuses techniques de pêche. Ce jour-là, sous nos yeux, ils ont fabriqué en deux heures ce gigantesque piège végétal. Une réalisation éphémère, nouvelle preuve de leur ingéniosité.

Dès qu'ils partent en forêt,
les Korowaï le font toujours ensemble.

◄
Les premiers dessins de Zazie impressionnent les Korowaï.
Bien qu'intimidés, certains de nos hôtes acceptent de prendre le pinceau à leur tour, pour la première fois de leur vie.
Je m'attendais à ce qu'ils tracent un trait, ils ont dessiné un « bonhomme ».
C'est simple et universel. Saisissant.

Lorsque Zazie décide de sortir ses couleurs, le temps s'arrête...

En Papouasie occidentale, la pluie tombe pratiquement sans discontinuer : jusqu'à cinq mètres d'eau par an. Bien qu'habitués à ces averses, les Korowaï n'ont rien pour se couvrir et ils ont vite froid. Lorsqu'ils se déplacent en forêt, pour se réchauffer, ils transportent le feu…

Le cannibalisme, UN SUJET TABOU

La peur du *swangui*...

La forêt des Korowaï paraît d'un seul tenant. En réalité, c'est une mosaïque de territoires claniques délimités par des frontières invisibles, qu'il est interdit de franchir sous peine de faire de mauvaises rencontres...

Découverte en 1978, cette population a suscité l'intérêt des ethnologues. À l'époque, les guerres étaient fréquentes et il était impensable de se déplacer sans son arc et ses flèches. Les femmes ne partaient jamais seules, par peur des enlèvements. Relativement fréquents, ces événements entraînaient la vengeance des clans. Une vengeance qui pouvait être sanglante. Les Korowaï craignaient les représailles, mais plus que tout, ils redoutaient les *swanguis*. Pour eux, le *swangui* est un esprit. Il peut prendre la forme d'un sanglier, d'un oiseau géant ou même celle d'un homme. On raconte que si un homme devient *swangui*, il peut dévorer les gens de l'intérieur en leur jetant des sorts. Si quelqu'un était soupçonné d'être *swangui* et d'avoir tué, la famille du défunt se vengeait et l'éliminait. Et pour faire disparaître cet esprit de la manière la plus radicale, il fallait manger le corps de son ennemi. Un acte qui n'était pas motivé par autre chose que la peur. Les Korowaï avaient constamment peur des *swanguis* mais également d'être reconnus comme tels et donc d'être éliminés par une communauté terrorisée. La consommation de chair humaine était exceptionnelle et réservée à des situations très particulières. Mais ce passé obscur semble aujourd'hui révolu. D'après l'ethnologue Rupert Stasch, le cannibalisme a cessé dans les années 1990 quand le gouvernement a menacé les Korowaï en ces mots : « Vous êtes des êtres humains, vous n'avez pas le droit de vous manger ni de vous entretuer. Si jamais ça se reproduit, la police viendra vous tirer dessus. » Conséquence de cette répression, les Korowaï sont désormais plus apaisés ; il leur arrive même parfois de partir en forêt sans leurs arcs.

Lorsque Zazie se met à chanter,
les Korowaï se mettent à pleurer…
Totalement bouleversés. Un instant de
communion imprévisible et exceptionnel.

LES ZANSKARPAS DE L'HIMALAYA

RENDEZ-VOUS EN TERRE INCONNUE AVEC GILBERT MONTAGNÉ

PHOTOGRAPHIES D'ARNAUD BRUNET

« À plus de 4 000 mètres d'altitude,
j'ai découvert une famille et un univers
que je n'aurais jamais pu côtoyer
et qui resteront éternellement gravés
dans mon âme. »

«

Tout d'abord, on essaie des vêtements d'hiver, d'automne, d'été. Tout est fait pour vous plonger dans une totale incertitude. Quand l'avion décolle, Frédéric Lopez me dévoile enfin notre destination.
« Le Zanskar ? Ah, d'accord… Mais c'est où ? »
Après plusieurs escales, nous sommes déposés en hélicoptère à 4000 mètres d'altitude, dans un silence absolument total.

La première voix que j'entends est celle de Dolma. Dolma qui me bouleverse immédiatement par son accueil et l'émotion sincère que provoque chez elle l'annonce de ma non voyance.

Pendant quinze jours, je vais totalement m'immerger au sein de cette famille. Comme eux, je serai isolé du monde, et ceci contribuera à vraiment nous rapprocher.

Ah, Dolma… Sa richesse de coeur, son savoir, sa persévérance, son calme et sa vision spirituelle des choses.
Et le petit Dorje… Petit garçon de 4 ans tellement intuitif et intelligent, croyant déjà fermement à son avenir d'ingénieur.

Cette rencontre a conforté ma vision de l'importance de chacun de nous dans l'univers. Au moment où j'écris ces lignes, je me sens, malgré la distance, très proche en pensée de ceux que j'ai laissés à leur quotidien certes spirituel mais tellement difficile…

»

Gilbert Montagné

EIDER

LES ZANSKARPAS

À plus de 4 000 mètres d'altitude, le Zanskar est une région isolée. Dans l'Himalaya, à l'extrême nord de l'Inde.

À l'arrivée sur les montagnes du Zanskar, à une altitude de plus de 4 000 mètres, on peut sentir une petite odeur de fenaison, que l'image ne peut pas restituer. Autre détail pourtant loin d'être anodin, l'odeur qui vient du yack, sans lequel les habitants de cette région ne peuvent survivre.
Le Zanskar se visite à l'odeur, mais aussi au toucher.
La main parcourt la douceur des pierres gravées de prières ; elle s'engouffre dans le poil épais des yacks, transformé ensuite en laine pour braver l'hiver qui dure huit mois de l'année ; elle caresse les grains d'orge séparés de leur paille grâce à l'action du vent. Cette céréale est essentielle à l'alimentation de la plus haute vallée peuplée de l'Himalaya – en grande partie de moines mais aussi de paysans dont la joie de vivre est communicative.
Le Zanskar se visite également à l'ouïe. C'est le son de la rivière en contrebas, les tonalités des voix qui changent lorsqu'on longe les immenses maisons composées de petites pièces, basses de plafond, reliées par des couloirs labyrinthiques. C'est aussi le bruit d'une pierre que manipule Dolma, qui accueille Gilbert Montagné. Dolma pile des graines afin de fabriquer une poudre médicinale. Cette femme est *amchi*, elle pratique la médecine tibétaine basée sur les vertus des plantes, des racines, des minéraux, des baies, cueillis ou prélevés à l'automne et en été. D'origine bouddhiste, cette médecine est enseignée dans les monastères, où Dolma a passé quatre années de sa vie à l'étudier. C'est une médecine des humeurs et des énergies (terre, eau, feu, air, éther). Un déséquilibre de l'une d'entre elles dans le corps entraîne un dysfonctionnement de l'organisme.
Il faut voir autrement qu'avec les yeux pour appréhender avec acuité tous les bruits, toutes les odeurs, mais aussi les saveurs qui sont partagées le soir autour d'un feu.
Ce voyage avec Gilbert Montagné fait découvrir bien plus que de superbes montagnes avant l'arrivée de l'hiver, bien plus qu'un peuple empli de bonté qui croit en la réincarnation et espère une vie toujours meilleure, à condition de bien se tenir à chaque passage sur Terre.
Le voyage fait apparaître précisément ce qu'on ne voit pas à l'image et dont on oublie l'existence. Dans cette région de 7 000 kilomètres carrés qui ne compte guère plus de deux habitants au kilomètre carré, on apprend que l'immensité d'un paysage s'appréhende aussi au travers des ondes diffusées par la falaise. Le silence a ses bruits, les vents ont leurs parfums, ceux de l'hiver qui approche.
Avant l'arrivée du grand froid, Dolma effectue chaque année un long voyage afin de ramener les yacks à l'abri. Après avoir cheminé dans ces espaces infinis tapissés de pierres, Gilbert Montagné et moi arrivons dans les pâturages où un groupe de jeunes filles garde les animaux, l'été. Sous l'influence de cet artiste qui voit sans regarder, ce ne sont plus tant les sourires que les rires et les chants des jeunes filles qui révèlent leur joie d'être là.
Au terme de ce périple qui fait découvrir mille et une choses qu'habituellement on ne perçoit pas, on comprend que l'on voyage bien souvent sans voir.

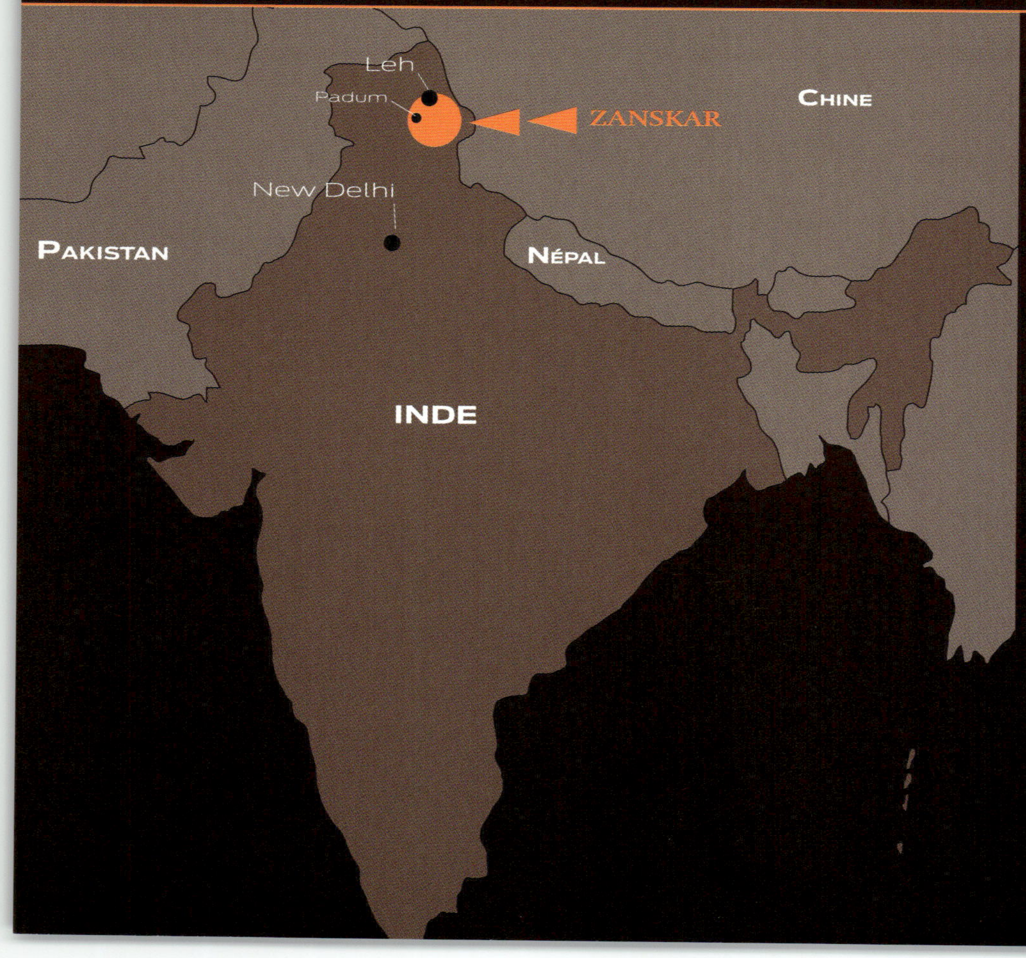

Une vallée COUPÉE DU MONDE

Où la solidarité
est un art de vivre…

La vallée du Zanskar est l'une des régions les plus hostiles de la planète. Elle est coupée du reste du monde huit mois par an à cause d'abondantes chutes de neige qui bloquent l'accès aux cols. Pour survivre en autarcie pendant ce long hiver, les habitants du Zanskar doivent stocker assez de nourriture : de l'orge pour les hommes, mais aussi du fourrage pour les animaux.

Les Zanskarpas sont cultivateurs et éleveurs. Ils cultivent principalement l'orge, base de leur alimentation. Avant l'hiver, il faut donc le récolter, le battre, le faner et mettre le grain à l'abri dans les maisons. Et pour faciliter ces travaux harassants, les Zanskarpas élèvent des yacks. Robustes, massifs mais agiles, ces animaux sont parfaitement adaptés à l'altitude. Ils participent aux travaux des champs et sont capables de transporter de lourdes charges sur des chemins très escarpés. Avant les premières neiges, les Zanskarpas se hâtent de finir les préparatifs. En quelques jours, la vallée est coupée du monde et il faudra attendre les grands froids de l'hiver pour que s'ouvre une nouvelle voie d'accès : la rivière gelée.

Une fois figée, la rivière devient une route de glace qui permet de relier certains villages et même de rejoindre Leh, la capitale du Ladakh voisin, en vingt jours de marche. Mais emprunter le « Tchadar », comme disent les Zanskarpas, n'est pas sans risques : fatigue, froid, chute dans la rivière glacée… Chaque année, les accidents sont nombreux, souvent graves et parfois mortels. Bien que dangereuse, cette rivière reste la seule voie praticable quand un membre de la famille tombe gravement malade et qu'il faut partir chercher de l'aide. Au-delà des prières qui s'envolent dans la montagne, ici, dans la vallée du Zanskar, la solidarité des hommes est un art de vivre qui peut sauver des vies.

Ces jeunes filles vivent cinq mois par an dans les montagnes. À plus de 5 000 mètres d'altitude, elles veillent sur les troupeaux des éleveurs de la région, quatre-vingts yacks qui s'éparpillent dans la montagne pour trouver leur nourriture. Matin et soir, elles partent à la recherche des animaux pour la traite, qui dure trois heures… chaque matin et chaque soir. Le travail est dur, mais la solidarité de ces jeunes filles est infaillible. Le secret de leur amitié : « Si une fille me disait du mal d'une autre, cette dernière ne le saurait jamais. Je ne répéterais rien. » À méditer… Leurs sourires, leurs rires et leur joie de vivre sont communicatifs.

« Quand j'étais petite, je passais tous mes étés dans les pâturages. Mais j'étais très malheureuse. C'était une vie très rude. J'avais très peur de monter dans les pâturages. Parfois, les yacks partaient tellement loin que c'était un enfer de les retrouver. C'était tellement difficile que pour échapper à cette vie, je voulais absolument aller à l'école, mais ce n'était pas possible pour mes parents. Alors on m'a prêté des livres, on m'a expliqué des choses et tous les étés, j'emportais ces livres aux pâturages et je m'isolais pour travailler. C'est comme ça que j'ai appris toute seule à lire et à écrire. Et aujourd'hui, je suis très heureuse d'avoir pu faire des études et de vivre de mon travail d'infirmière. Mais je prie pour que mes enfants puissent avoir la vie qu'ils désirent et qu'ils deviennent de grands hommes. »

***Dolma*, octobre 2008**

▲
Dolma pratique la médecine traditionnelle tibétaine. Elle est *amchi*. Cette pratique ancestrale, basée sur l'équilibre des énergies et des humeurs, utilise principalement les plantes pour soigner les malades, mais les connaissances de Dolma ne s'arrêtent pas là. Après de longues études, elle est également devenue infirmière. Aujourd'hui, elle utilise ces deux enseignements pour soigner la population.

Dolma devra s'isoler quatre hivers dans un monastère pour étudier la médecine tibétaine.

▲
Le bouddhisme est omniprésent dans le quotidien des Zanskarpas. Chaque jour, le père de Dolma murmure en permanence. Il invoque les dieux au rythme de son moulin à prières, qu'il fait tourner inlassablement. Pour lui, rien de plus naturel : « On trouve toujours le temps de prier. Ici, on a un dicton : "Récite-toi des mantras où tu peux, ils ne seront jamais perdus dans les rochers." »

◄
Derrière la maison, le mur à prières est constitué de nombreuses pierres gravées. On peut y lire des mantras, une forme de prière. Le plus célèbre, « Om mani padme hum », est le mantra de la compassion.

▲ ▶
Construit au XIe siècle, le monastère de Phuktal est littéralement creusé dans la montagne. C'est un lieu sacré. Dès l'âge de six ans, les jeunes garçons sont confiés aux moines par leurs parents. Leur désir : épargner à leurs enfants la vie paysanne et leur permettre d'accéder à l'éducation. C'est ici qu'ils vont apprendre à lire et à écrire, mais également recevoir l'enseignement bouddhiste. Jusqu'à une époque récente, devenir moine n'était pas un choix : le benjamin de la famille était envoyé au monastère, pour le restant de sa vie. Aujourd'hui, les temps ont changé, et comme Dolma certains parents prennent désormais en compte les choix et les désirs de l'enfant...

Le monastère a toujours permis aux enfants d'échapper à la rudesse de la vie paysanne…

Le Zanskar, UN ROYAUME BOUDDHISTE

Sous la protection de Bouddha…

Les habitants du Zanskar sont bouddhistes. Tous les jours, inlassablement, ils récitent des prières et des mantras pour implorer la protection des dieux. Le travail de toute une existence pour améliorer son karma et pour que la prochaine vie soit encore meilleure. Un jour, peut-être, ce sera même le nirvana. Mais il ne suffit pas de prier pour s'assurer une meilleure réincarnation. Selon une loi bouddhiste, « tout acte volontaire porte nécessairement tôt ou tard un fruit. Celui-ci est agréable s'il est produit par une action vertueuse, et désagréable s'il est issu d'une action non vertueuse. » Il faut donc prendre soin de sa famille, des autres, et faire l'aumône aux moines qui viennent une fois par an dans les villages pour constituer des réserves d'orge.

Contrairement aux paysans de la vallée, les moines ne travaillent pas, ils passent leur vie entière à prier. C'est d'ailleurs souvent pour permettre aux enfants d'échapper aux difficultés de la vie paysanne que leurs parents les envoient étudier au monastère. Là, ils apprennent à lire et à écrire, et reçoivent l'enseignement bouddhiste. Chaque jour, ils apprennent par cœur puis récitent les textes sacrés. Ces enfants grandiront à l'écart du monde pour se consacrer à la religion, à la méditation et à la prière. Le but : « libérer l'être de la souffrance pour qu'il trouve le chemin qui mène à un bonheur inaltérable ». Quand on devient moine, on se met sous la protection de Bouddha et l'on doit prêter serment sur quatre grands principes : ne pas tuer, ne pas mentir, ne pas voler et surtout ne pas avoir de relations sexuelles. Mais cette vie exigeante ne convient pas à tous, et de nombreux jeunes quittent le monastère, attirés par la ville et l'envie de gagner de l'argent. Une décision parfois douloureuse pour ceux qui finissent par choisir la vie ordinaire du commun des mortels.

◄ Chaque jour, guidés par un maître de philosophie, les jeunes moines mettent à l'épreuve l'enseignement de Bouddha. Lors de joutes oratoires spectaculaires, il faut savoir argumenter chaque sujet pour mieux le comprendre et surtout pour apprendre à mieux raisonner.

◂
Aujourd'hui érudite, Dolma accorde une grande importance à l'éducation. À l'époque, c'est son père qui l'a aidée modestement à suivre des études. Aujourd'hui, ce que Dolma désire plus que tout, c'est offrir la même chance à ses propres enfants. Trois d'entre eux sont déjà partis bien loin d'elle, en ville, pour étudier. Elle ne les voit qu'une fois par an. Ce sera bientôt au tour du petit dernier, Dorje, de quitter le foyer familial. À six ans, il sait que sa mère sera heureuse s'il devient ingénieur. Dolma appréhende cette séparation douloureuse : « Je n'ai pas le choix. Et même si ça me brise le cœur, je pense que les études sont plus importantes… »

LES BAJAUS
DE L'ARCHIPEL DES BANGGAÏ

RENDEZ-VOUS EN TERRE INCONNUE
AVEC MARIANNE JAMES

PHOTOGRAPHIES DE JEAN-MICHEL TURPIN

« La puissance de cette aventure a été
telle que je ne pense pas refaire un voyage
aussi accomplissant de toute ma vie. »

«

Jeudi 16 avril, 9h. Deux hommes sonnent chez moi, j'ouvre. Ils m'enlèvent, je monte dans une voiture, on fonce sur Roissy. On me bande les yeux et me pose un casque sur les oreilles avec de la musique très forte. On me prend par le bras fermement, je passe guichet, douane, passerelle, on me fait monter à bord d'un avion, on m'assoie et on me demande de rester calme. Lumière. Deux caméras tournent. « Marianne, nous partons chez les Bajaus, nomades des mers, en Indonésie ! », me dit Frédéric Lopez. Je suis déçue : par recoupements, je m'étais persuadée que nous partions dans de très hautes montagnes, sèches, arides et froides ! À tel point que, depuis trois semaines, je m'entraînais à des marches rapides quotidiennes avec un coach ! Alors l'Indonésie, pffff...

Les premiers contacts avec la famille ont été très respectueux, un peu timides au début. Et puis beaucoup plus chaleureux lorsque j'ai commencé à saluer tout le village, Bajau par Bajau ! Ils riaient tous beaucoup en me découvrant, moi si grande, si ronde, si souriante, et surtout à cause de ma manière de marcher sur les bambous, risquant à chaque pas de tomber à l'eau ou de tout casser !!! Totalement ridicule...

Parmi eux, j'ai découvert une vie de labeur presque exclusivement faite de simples tâches. Pêcher, travailler à la conservation du poisson, à son séchage, entretenir les pirogues, préparer les repas et, le soir, s'asseoir et discuter sous les étoiles ! Beaucoup rire, faire de la musique avec le fils de Rya, entendre Handong raconter sa vie de pêcheur et se tordre aux blagues de Pa Tahang !

Sur place, on a ce sentiment très fort que le temps est suspendu... On oublie le temps occidental pour prendre la mesure du temps du ciel. Le rythme impérieux du ciel et de la mer façonne toute la vie des Bajaus. L'heure de la pêche est l'heure des poissons et pas celles des humains. L'heure de la douche est celle de la tempête... Oui, sous l'équateur, toutes les nuits le ciel se fâche et se lâche. C'est le moment de se doucher presque nu, sur les « terrasses » !... On enroule son sarong autour de la taille et on commence à se savonner, le ciel vous rince directement, et le vent puissant vous sèche.

Aux Banggaï, le soleil n'est pas votre ami ; les scolopendres non plus ! Saleté de mille-pattes venimeux, ah, l'horrible bestiole, sa morsure très douloureuse vous condamne à 40 °C de fièvre et à un œdème impressionnant –Pa Tahang s'est fait piquer l'avant-dernière nuit, il a poussé un cri terrible qui m'a glacée d'effroi ! Et puis les blattes, énormes, qui vous courent sur le visage la nuit...

Sur les valeurs profondes de la vie, nous ne sommes pas différents. Nos rêves : vivre en harmonie, manger et boire à notre faim, regarder grandir nos enfants, parler, rire et rêver sous les étoiles !
« Être né quelque part, c'est toujours un hasard », dit la chanson. J'aurais pu naître là-bas, et Rya en France... Voilà ce à quoi je pensais à leurs côtés le soir... Je continue à y penser encore et encore. Au plus profond de moi je souhaite que nous puissions tous vivre sur cette même planète avec la possibilité de choisir sa vie. Avoir le choix, quel luxe rare... Car, même en Occident, combien d'entre nous ont réellement le choix de leur vie ? Qu'avons-nous réellement engagé de nous pour enfin vivre la vie dont nous rêvions ?

Quel souvenir garderai-je pour toujours ?

Tout ce que j'ai partagé avec Rya, qui me manque ; j'aimerais pouvoir lui parler... Elle m'a raconté tant de choses. Je sais les sacrifices qu'elle a consenti à faire pour suivre son mari dans ce village, elle la chrétienne devenue musulmane par amour, elle du continent devenue, plus que les autres encore, une Bajau !!!

Je garde aussi le souvenir de ce coucher de soleil, assise sur ce trépied de fortune au-dessus de l'eau, prisonnière de la pure beauté de la solitude et de l'infini. Je ne me remettrai jamais de ce moment-là, où mon âme fut littéralement déchirée en deux... Je souhaite avoir ce paysage-là dans le cœur au moment de ma mort !

Marianne James »

LES BAJAUS

Les Bajaus occupent une grande partie des mers d'Asie du Sud-Est. On les retrouve du sud des Philippines aux Moluques, en passant par Bornéo et les petites îles de la Sonde. Nous les avons rencontrés à l'est de Sulawesi, en Indonésie, dans le petit archipel des Banggaï.

L'origine des Bajaus se perd aussi loin dans le temps que leurs maisons dans la mer. Ils forment une communauté éparpillée sur des milliers de kilomètres dans toute l'Asie du Sud-Est, mais constituent un peuple à part entière puisqu'ils possèdent une langue et une culture spécifiques. Dans l'archipel des Banggaï, à l'est de Sulawesi, en Indonésie, l'horizon est liquide. Marianne James et moi allons à la rencontre d'hommes et de femmes qui vivent au-dessus de la mer. Ils ont construit des maisons sur pilotis reliées par d'étroites passerelles en bambou, formant ainsi des villages aquatiques.

Une des femmes raconte qu'elle marchait à quatre pattes les premiers temps de son arrivée. À dix-huit ans, elle a quitté Manado, la plus grande ville de Sulawesi, pour suivre son mari au-dessus de l'eau. Difficile de s'habituer à marcher comme suspendu dans les airs, au-dessus de la mer. Il faut être équilibriste pour passer d'une maison à l'autre sans se mouiller. À l'inverse, il n'a pas toujours été aisé de retrouver la terre ferme : lorsque les Bajaus vivaient toute l'année sur les *leppa* (petites pirogues), leurs jambes, après de longs mois recroquevillées sur elles-mêmes, n'étaient plus à même de marcher, raconte une vieille femme du village de Mandébulu qui a connu un mode de vie aujourd'hui pratiquement disparu.

Pourquoi s'imposer de telles contraintes de vie ? Précisément parce que c'est ici que la vie se déroulait pour ces gitans de la mer qui sillonnaient les eaux en quête de poisson. Il était plus facile de vivre sur des bateaux pour naviguer au gré des zones de pêche plutôt que de construire des villages éphémères. Pa Tahang, le chef de la famille qui nous accueille, le dit lui-même : « Je ne sais que pêcher. » Après avoir vécu dix mois par an dans un village, il est venu vivre sur pilotis.

Les temps changent, l'habitat se sédentarise et le poisson se raréfie. Pa Tahang ne peut guère plus qu'évoquer les pêches fabuleuses. Les gros poissons, les requins. Ils ont aujourd'hui disparu de ce récif corallien qui fut l'un des plus riches de la planète. Le cardinal des Banggaï, un poisson endémique, aurait pu également disparaître des fonds marins si la mode n'était pas passée d'en remplir les aquariums.

Contrairement à beaucoup de pêcheurs qui utilisent des méthodes destructives pour l'environnement sous-marin, Pa Tahang pense à l'avenir de ses enfants. Ces derniers sont élevés d'une manière qui peut paraître bien singulière. Peut-être est-ce parce qu'ils sont nomades que le principe de liberté préside à l'éducation bajau. À l'âge de six ou sept ans, un enfant peut choisir d'habiter avec n'importe quel membre de sa famille : oncle, grand-père…

La liberté semble être la valeur cardinale de l'existence par ailleurs contraignante des Bajaus, qui n'ont pour attache qu'un territoire immense sans frontière. L'isolement renforce les liens qui se nouent plus profondément, plus durablement que sur la terre ferme. Les familles se réunissent le soir pour chanter. Quelle autre activité pourrait-il y avoir que le partage d'instants complices ? Marianne James a mêlé sa voix à celle des Bajaus sur des airs de guitare, le temps d'un chant de tous les espoirs.

Les nomades DE LA MER

À soixante-cinq ans, fière à l'avant de sa pirogue, Chana personnifie l'histoire de son peuple. Lorsqu'elle était enfant, les Bajaus incarnaient la liberté mais aussi l'errance d'une existence entièrement tournée vers la mer. Nomades, ils vivaient sur des *leppa*, pirogues d'un mètre et demi de large sur lesquelles vivaient des familles entières à la recherche de nourriture (poissons, coquillages, crustacés...). Aujourd'hui, ces flottilles ont presque disparu, mais Chana, comme les autres Bajaus, n'a pas pour autant tourné le dos à la vie marine. Ils vivent perchés sur l'eau, dans des villages sur pilotis posés sur les récifs coralliens. Les Bajaus continuent de pêcher sur des bateaux, souvent à moteur mais, le soir, ils peuvent rentrer à la maison pour préparer le poisson et le faire sécher. Pourquoi ne se sont-ils pas installés sur la terre ferme ? Certainement parce qu'au milieu de la mer, le poisson est à portée de main. Pas besoin de parcourir des milles marins ni de consommer inutilement un carburant onéreux pour partir à la pêche. De plus, ici, la conservation des poissons vivants est une évidence : un vivier est construit sous la maison et pour attraper le dîner, il suffit d'écarter les lattes de bois et de se pencher. Mais vivre ainsi n'a pas que des avantages. La moindre maladie peut rapidement dégénérer si la marée est basse ou si, à cause d'intempéries, les bateaux restent immobilisés plusieurs jours. Malgré tout, les Bajaus restent viscéralement attachés à la mer. Autrefois animistes, leurs croyances semblent s'être perdues dans les flots, au fil des générations. Aujourd'hui encore, les enfants bajaus naissent quasiment dans l'eau, apprivoisent la mer et observent leurs parents pour apprendre à leur tour le secret ancestral de ces pêcheurs hors du commun.

Chana se souvient de son enfance
sur la *leppa*, qui faisait office de maison.

Les Bajaus et la mer, DES DESTINS LIÉS...

Immersion...

Les Bajaus vivent dans une région où la faune marine est particulièrement riche. Ils sont avant tout pêcheurs. Ici, la mer appartient à tous. Chacun est absolument libre de pêcher où il veut. Les seules contraintes, ce sont les marées et les vents qui rythment le quotidien. Les techniques de pêche sont très diversifiées – ligne de fond, filet, harpon, trident, ligne, nasse...–, ce qui leur permet d'attraper un éventail extraordinaire de poissons. Mais ici, la précarité des conditions de sécurité rend certaines méthodes périlleuses et met en danger la vie des pêcheurs : pêche en solitaire, grand nombre de plongées par jour, accidents de décompression...

Handi Sai raconte une plongée au compresseur durant laquelle il est entré dans une grotte pour capturer un poisson. Une fois à l'intérieur, impossible de ressortir. Il est resté coincé, certain qu'il allait mourir dans les deux heures lorsque le moteur du compresseur s'arrêterait : « Je me voyais mourir et je pleurais sous l'eau en pensant à ma famille qui allait se retrouver sans ressources. »

Au moment où il s'est résigné à accepter la mort, son corps s'est relâché et il a finalement réussi à se dégager. Après ce miracle, Handi a fait un choix déterminant pour le reste de son existence : il a décidé de pêcher à la nasse. Cette technique traditionnelle est moins dangereuse, mais aussi moins rentable, et tant pis s'il ne peut plus offrir autant de biens matériels à ses enfants.

Car ici, la pêche est la seule source de revenus possible. Les techniques doivent s'adapter aux exigences du marché : certains pêcheurs utilisent un poison, le cyanure, pour endormir des poissons comme le cardinal des Banggaï. Ils seront vendus vivants sur le marché du poisson d'ornement ; chaque semaine, plus d'un million de poissons vivants sont transportés, notamment vers l'Europe et les États-Unis, à destination de l'un des deux millions d'aquariums d'eau de mer recensés dans le monde. D'autres espèces sont destinées au marché du poisson vivant d'alimentation et finiront dans les assiettes des restaurants de luxe à Hong Kong ou ailleurs. Bien qu'interdites, ces méthodes sont toujours pratiquées. Ce marché lucratif pousse les pêcheurs à utiliser des techniques dangereuses et destructrices pour l'environnement, comme la pêche à la bombe artisanale. En Indonésie, seuls 3 % des récifs coralliens sont encore en excellent état. Aujourd'hui, c'est tout un écosystème qui est menacé par une surexploitation qui pourrait causer la perte des petits pêcheurs traditionnels. Pa Tahang, lui, a choisi de tourner le dos à cette destruction massive de l'environnement. Il pêche beaucoup moins que les autres et toujours à la ligne, « parce que c'est important pour moi d'être un honnête homme devant Dieu. »

▲
Marianne a découvert la vie de Pa Andon. Une vie en apnée. Tous les jours, à près de vingt mètres de profondeur, il va déposer et relever ses lignes de fond. Il attrape beaucoup moins de poissons que ceux qui pêchent à la bombe, mais suffisamment pour payer des études à ses enfants. Il les a confiés à sa sœur, qui vit sur une île voisine.

Dans ces maisons de bois posées sur l'océan, les parents ne lâchent jamais les bébés du regard, de peur qu'ils ne se noient. Le jour où ils sont en âge d'apprendre à nager, les enfants se jettent à l'eau et s'agrippent à des bidons en plastique qui leur servent de bouées.

▸
Ici, il est presque impossible de se protéger du soleil. Mais les femmes bajaus ont trouvé la parade : elles s'enduisent la peau d'une pâte de riz, véritable écran solaire qui limite les brûlures. Une manière de garder la peau claire et de ressembler le plus possible aux femmes de la ville.

▾
Pendant la saison de la pêche, les Bajaus passent presque huit mois dans leur maison sur pilotis. Ils se nourrissent essentiellement de poisson. De temps en temps, ils reçoivent la visite de commerçants ambulants : certains leur vendent quelques légumes et quelques fruits, d'autres viennent jusqu'à eux pour acheter leur poisson.

►
Pour trouver du bois mais surtout récupérer de l'eau douce, une fois par semaine il faut se rendre sur une des îles alentour. C'est à une heure de pirogue. Vitale, l'eau sert également à cuisiner et à se laver. Ici, il faut soigneusement se rincer la peau pour éviter qu'elle ne soit rongée par le sel. Sous des températures caniculaires, le puits, creusé par un habitant de l'île pour les Bajaus, est une source d'allégresse…

Double page suivante
Des perches de bois plantées sur le récif corallien, au milieu de nulle part : presque un mirage… Ces pêcheurs sont les plus pauvres de la région : ils n'ont même pas les moyens d'acheter une pirogue. Ils passent douze heures là, en plein soleil, à attendre que les calamars passent sous leur perchoir. En moyenne dix prises par jour, qui seront vendues et permettront de faire vivre leur famille.

◂
Régulièrement, il faut entretenir les pirogues. À marée basse, les hommes hissent les embarcations hors de l'eau. À l'aide de torches en feuilles de palmier séchées, ils brûlent tous les coquillages, les algues et les parasites qui se fixent sur la coque et la rongent.

▸
Si les philosophes s'accordent à dire que le secret du bonheur, c'est le lien, les Bajaus le savent instinctivement depuis toujours. Tous les soirs, ils se réunissent sur la plus grande plate-forme du village, se racontent leurs histoires de pêcheurs et chantent jusqu'au milieu de la nuit. Ici, le bonheur c'est « ensemble »…

Bibliographie

HIMBAS
LIVRES
• Solenn Bardet, *Pieds nus sur la Terre rouge*, Paris, Robert Laffont, 1998.
• Éric Robert et Sylvie Bergerot, *Himbas, tribu de Namibie*, Denoël, 1989.
CD
• Musique de Namibie : *Bushmen et Himba*, Buda Records, 1995.

MENTAWAÏ
LIVRES
• Olivier Lelièvre, *Mentawaï : la forêt des esprits*, Anako Éditions, 1992.
• Charles Lindsay et Reimar Schefold, *Mentawaï shaman, keeper of the rainforest*, Aperture, 1992.
• Jean Malaurie, Piers Vitebsky et Patrick Carré, *Les Chamanes*, Taschen, 2006.
• Pierre de Vallombreuse et Edgar Morin, *Peuples*, Flammarion, 2006.

NENETSES
LIVRES
• Jérôme Bimbenet, *Les Peuples premiers, des mémoires en danger*, Petite encyclopédie Larousse, 2004.
• Fabrice Delsahut, *Peuples premiers. Aux sources de l'autre*, Timée-Éditions, 2007.
• Franck Desplanques, *Nénètses de Sibérie, les hommes debout*, Éditions du Chêne, 2005.
• Andrei V. Golovnev et Gail Osherenko, *Siberian survival. The Nenets and their Story*, Cornell University Press, 1999.
• Dominique Samson-Normand de Chambourg, *Le Grand Nord sibérien dans Ilir d'Anna Nerkagui - Une page de vie autochtone 1917-1997*, Éditions L'Harmattan, 1998.
• Florian Stammler, *Reindeer Nomads Meet the Market: Culture, Property and Globalisation at « the End of the Land »*, Éditions Lit Verlag, 2007.

MONGOLIE
LIVRES
• Patrick Bard, *Mongolie, le vertige horizontal*, Éditions Autrement, 2002.
• Émeline Bettex et Gaëlle Touboulic, *La Mongolie*, Éditions de l'Adret, coll. « Les Peuples du Monde », 2006.
• Cécile Domens et Richard Fasseur, *Mongolie, racines nomades*, Éditions Cacimbo, 2006.
• Linda Gardelle, *Aylal, Une année en Mongolie*, Gaïa Éditions, 2004.
• Gaëlle Lacaz, *Mongolie : pays d'ombres et de lumières*, Éditions Olizane, 2006.
• Gaëlle Riouall, *Chez les nomades de Mongolie*, Éditions L'Harmattan, 2006.
FILMS
• Byambasuren Davaa, *L'Histoire du chameau qui pleure*, 2003.
• Byambasuren Davaa, *Le Chien jaune de Mongolie*, 2006.

AMHARAS
LIVRES
• Olivier Bourguet, *Éthiopie, l'empire mythique*, Éditions Vilo, 2006.
• Luigi Cantamessa, *Éthiopie, au fabuleux pays du prêtre Jean*, Éditions Olizane, 2005.
• Gérard Macé, *Éthiopie, le livre et l'ombrelle*, Éditions Le Temps qu'il fait, 2006.
• Xavier Van der Stappen, *Éthiopie, au pays des hommes libres*, Éditions La Renaissance du Livre, 2004.

DOGONS
LIVRES
• Gérard Beaudoin, *Les Dogon du Mali*, Éditions BDT Développement, 1997.
• Jean-Christophe Huet, *Villages perchés des Dogon du Mali*, Éditions L'Harmattan, 1994.
• Patrick Kersalé et Zakari Saye, *Parole d'ancêtre Dogon*, Éditions Anako, 2001.
• Sékou Ogobara Dolo, *La Mère des masques, un Dogon raconte*, Éditions du Seuil, 2002.
• Walter E. A. van Beek et Stephenie Hollyman, *Dogon, Africa's People of the Cliffs*, Éditions Harry N. Abrams, 2001.
• Nadine Wanono et Michel Renaudeau, *Dogon*, Éditions du Chêne, 1996.

KOROWAÏ
LIVRES
• Éric Lobo, *Esprits de jungle*, Romain Pages Éditions, 1999.
• Arnoult Seveau et Luc-Henri Fage, *La Mémoire des brumes*, Éditions Albin Michel, 1992.
• Gerrit J. Van Enk et Lourens De Vries, *The Korowai of Irian Jaya*, Éditions Oxford, 1997.

ZANSKAR
LIVRES
• David Ducoin, *Zanskar, la route du changement*, Anako, 2000.
• David Ducoin, *Zanskar intime*, Glénat, 2005.
• Alain Gandolfi, *La Route de la rivière gelée*, Éditions L'Harmattan, 2003.
• Kim Gutschow, *Being a bouddhist nun*, Harvard, 2005.
• Gill Marais, *Amchi sage et médecin*, Éditions Kailash, 2000.
• Helena Norberg-Hodge, *Quand le développement crée la pauvreté*, Hachette, 2002.
• Laurent Pordié (dir.), *Panser le monde, penser les médecines*, Karthala, 2005.

BAJAUS
LIVRES
• Patrick Blanche, *Nomades de la mer : Vezos, Bajaus, Mokens*, Ibis Press, 2008.
• François-Robert Zaco, *Un autre regard sur le monde, l'Occident à l'épreuve de la société badjo*, Audibert, 2006.
FILMS
• Thalassa - *Badjo Lau, les hommes pirogues.*
• Thalassa - *Nomades de la mer.*

Remerciements

Je voudrais remercier affectueusement tous ceux qui m'ont permis de vivre mon rêve.

Pour leur soutien sans faille et leur bienveillance, Yves Darondeau, Christophe Lioud et Emmanuel Priou, mes co-producteurs. Malgré leur oscar à Hollywood pour *La Marche de l'empereur*, ils ne m'ont jamais snobé…
Ils auraient pu, non ?

Pour sa confiance, son flair et surtout son obstination, Patricia Boutinard-Rouelle, patronne des documentaires à France Télévisions. Merci, « Super Pat ».

Pour avoir le courage de diffuser un documentaire ethnologique à 20 h 35, Patrick De Carolis et Patrice Duhamel, les patrons qui ont changé ma vie.

Pour sa foi en mes idées, Philippe Villamitjana, directeur des programmes de France Télévisions. C'est trop bon de se sentir aussi bien compris.

Geneviève Broust. Elle sait pourquoi il est important pour moi de la remercier ici.

Claire Colart, Olivier Stroh et le Centre National de la Cinématographie : merci d'y avoir cru dès le début.

Pour leur extraordinaire talent, les deux meilleurs réalisateurs du monde, Pierre Stine et Christian Gaume. De « chouettes gars », avec une équipe formidable que je leur demande d'embrasser pour moi.

Pour son regard unique et son amitié, Ange-Marie Revel. Ma « script doctor ». Mon « gourou ».

Mon musicien-magicien, Nicolas Errera, compositeur de la musique originale de « Rendez-vous en terre inconnue ».

Pour leur fidélité et leur expertise, Nathalie Maigret et Nicolas Cennac, les deux journalistes scientifiques les plus demandés de France.

Pour son enthousiasme et son dévouement, Françoise Doux, mon attachée de presse préférée.

Pour tout ce qu'elle m'apporte, Claire Barrau. Elle est productrice exécutive de « Rendez-vous en terre inconnue » et much more…

Enfin, je ne peux résister à l'envie de remercier pour leur contribution à cette aventure (dans l'ordre alphabétique, pour ne pas froisser les susceptibilités)

Gérald Bazin
Joël Franka
Stephen Harlé
Guillaume Heitzman
Coralie Jacob
Véronique Jacquin
Philippe Landré
Raphaël Lenglet
Olivier Rigout
Ahn Roquet
Vincent Steiger

Quant à ce « beau livre », il ne serait pas aussi « beau » sans l'implication et le talent des équipes des éditions Aubanel / La Martinière :

Merci à Anne Serroy
Hervé de La Martinière
Emmanuelle Jary
Sabine Kuentz
Marie-Hélène Lafin
Olivier Fontvieille
Mathilde Delattre
Sabine Arman

Crédits

« Rendez-vous en terre inconnue »
Produit par Yves Darondeau, Christophe Lioud, Emmanuel Priou et Frédéric Lopez
Une production Bonne Pioche et Adénium Productions

« Rendez-vous en terre inconnue
avec Muriel Robin chez les Himbas »
Un film de Frédéric Lopez et Pierre Stine
Réalisé par Pierre Stine
© Bonne Pioche Productions / Adénium Productions - 2006
Photographies de Jean-Michel Turpin
Remerciements :
Muriel Robin
Les Himbas / Le village de Wakaparué

« Rendez-vous en terre inconnue
avec Patrick Timsit chez les Hommes-Fleurs »
Un film de Frédéric Lopez et Bernard Guerrini
Réalisé par Bernard Guerrini
Musique originale de Nicolas Errera
© Bonne Pioche Productions / Adénium Productions - 2006
Photographies de Jean-Michel Turpin
Remerciements :
Patrick Timsit
Les Mentawaï / La communauté de Teoreun

« Rendez-vous en terre inconnue
avec Charlotte de Turckheim chez les Nénètses »
Un film de Frédéric Lopez
Réalisé par Christian Gaume
Musique originale de Nicolas Errera
© Bonne Pioche Productions / Adénium Productions - 2007
Photographies de Xavier Rossi
Remerciements :
Charlotte de Turckheim
Les Nénètses / Le campement d'Oleg Serotetto

« Rendez-vous en terre inconnue
avec Bruno Solo chez les cavaliers mongols »
Un film de Frédéric Lopez et Pierre Stine
Réalisé par Pierre Stine
Musique originale de Nicolas Errera
© Bonne Pioche Productions / Adénium Productions - 2007
Photographies de Jean-Michel Turpin
Remerciements :
Bruno Solo
Les Mongols / Le camp de Batbayar Damdisuren

« Rendez-vous en terre inconnue
avec Adriana Karembeu chez les Amharas »
Un film de Frédéric Lopez et Christian Gaume
Réalisé par Christian Gaume
Musique originale de Nicolas Errera
© Bonne Pioche Productions / Adénium Productions - 2007
Photographies de Jean-Michel Turpin
Remerciements :
Adriana Karembeu
Les Amharas / Sissay Abebe et sa famille

« Rendez-vous en terre inconnue
avec Édouard Baer chez les Dogons »
Un film de Frédéric Lopez et Luc Marescot
Réalisé par Luc Marescot
Musique originale de Nicolas Errera
© Bonne Pioche Productions / Adénium Productions - 2008
Photographies de Jean-Michel Turpin
Remerciements :
Édouard Baer
Les Dogons / Ama Ibé et toute sa famille

« Rendez-vous en terre inconnue
avec Zazie chez les Korowaï »
Un film de Frédéric Lopez et Pierre Stine
Réalisé par Pierre Stine
Musique originale de Nicolas Errera
© Bonne Pioche Productions / Adénium Productions - 2008
Photographies de Jean-Michel Turpin
Remerciements :
Zazie
Les Korowaï / Le clan de Ndai et Dayo

« Rendez-vous en terre inconnue
avec Gilbert Montagné chez les Zanskarpas »
Un film de Frédéric Lopez et Christian Gaume
Réalisé par Christian Gaume
Musique originale de Nicolas Errera
© Bonne Pioche Productions / Adénium Productions - 2008
Photographies d'Arnaud Brunet
© Arnaud Brunet - Bonne Pioche Productions - Eyedea Presse
Remerciements :
Gilbert Montagné
Les Zanskarpas

« Rendez-vous en terre inconnue
avec Marianne James chez les Bajaus »
Un film de Frédéric Lopez et Pierre Stine
Réalisé par Pierre Stine
Musique originale de Nicolas Errera
© Bonne Pioche Productions / Adénium Productions - 2009
Photographies de Jean-Michel Turpin
Remerciements :
Marianne James
Les Bajaus

www.bonnepioche.fr

bonne pioche

adenium productions

Photogravure : Quadrilaser à Ormes
Achevé d'imprimer en décembre 2010
sur les presses de l'imprimerie IME à Baume-les-Dames
Dépôt légal : décembre 2010
Imprimé en France